# endo♥ marke ting
## estratégico

Como
transformar
líderes em
comunicadores
e empregados
em seguidores

Copyright © 2017 Analisa de Medeiros Brum
Copyright © 2017 Integrare Editora e Livraria Ltda.

***Editores***
André Luiz M. Tiba e Luciana Marins Tiba

***Produção editorial***
Estúdio Reis Editores

***Preparação e revisão***
Rafaela Silva J. Reis
Pedro Japiassu Reis

***Projeto gráfico e diagramação***
Gerson Reis

***Capa***
Fagner Pereira
Q-pix – Estúdio de criação – Renato Sievers

***Fotos***
Analisa de Medeiros Brum: Adriano Gonçalves
Andressa de Medeiros Brum: Rafael Renck

Dados Internacionais de Catalogação na Publicação (CIP)
Andreia de Almeida CRB-8/7889

Brum, Analisa de Medeiros
 Endomarketing estratégico: como transformar líderes em comunicadores e empregados em seguidores / Analisa de Medeiros Brum ; participação: Andressa de Medeiros Brum – São Paulo : Integrare, 2017.
 272 p.

ISBN: 978-85-8211-083-6

1. Cultura organizacional 2. Comunicação na administração 3. Liderança 4. Motivação no trabalho 5. Marketing – Administração 6. Desenvolvimento organizacional 7. Marketing institucional 8. Administração de pessoal – Marketing I. Título II. Brum, Andressa de Medeiros

17-1256                                                   CDD 658.4

Índices para catálogo sistemático:
1. Administração de pessoal – Marketing

Todos os direitos reservados à

**INTEGRARE EDITORA E LIVRARIA LTDA.**
Rua Tabapuã, 1123, 7º andar, conj. 71/74
CEP 04533-014 – São Paulo – SP – Brasil
Tel. (55) (11) 3562-8590
Visite nosso site: www.integrareeditora.com.br

Analisa de Medeiros Brum

Participação
Andressa de Medeiros Brum

# endo♥ marke ting
## estratégico

Como transformar líderes em comunicadores e empregados em seguidores

*Integrare*
business

*Para a minha Mãe, Fátima,
que dedicou sua vida profissional
a ensinar crianças a ler e a escrever.*

# Apresentação

**Receber o convite** para escrever a apresentação deste livro foi, para mim, um presente. Conheço e acompanho o trabalho da Analisa e da HappyHouse há 17 anos. Tivemos a oportunidade de trabalhar juntas em diferentes momentos da minha carreira.

Com a Analisa, conheci o conceito de endomarketing. Um conceito que agora ganha uma nova perspectiva nas empresas a partir da necessidade de se trabalhar a marca empregadora.

Através do trabalho desenvolvido junto com a equipe da HappyHouse, aprendi que a Comunicação Interna é uma das principais forças de uma empresa para gerar aproximação e engajamento com seu público interno.

E na prática, constatei a existência de apenas um elemento mais forte que a comunicação para geração de engajamento: a liderança.

Quem me conhece sabe que não me canso de dizer: um dos maiores diferenciais de uma empresa é a qualidade da sua liderança. Você já viu como é comum áreas ou departamentos de uma mesma empresa terem, muitas vezes, resultados diferentes? A empresa é a mesma. As políticas, as práticas e os procedimentos também são os mesmos. O que muda, então? O líder. E a sua habilidade de comunicar. A comunicação faz muita diferença na qualidade da liderança.

O líder é o elemento-chave capaz de tirar uma experiência de trabalho do lugar comum e transformá-la em uma experiência excepcional. Isso gera engajamento e somente colaboradores engajados podem ser embaixadores da uma marca empregadora.

Abrir um livro que trata de conteúdos que eu acredito, escrito por uma profissional que eu admiro e respeito é, além de um presente, um privilégio.

Tenho também um motivo muito pessoal que explica minha alegria. Há alguns anos, escolhi deixar uma empresa na qual era muito feliz e adorava trabalhar. Essa decisão incluía uma mudança de cidade. Eu sairia de Curitiba, cidade na qual está a maior parte da minha família e muitos dos meus bons amigos, para conhecer novos mundos. Entre as tantas mensagens de despedida que recebi, uma me marcou de forma especial. Além do usual desejo de sucesso, ela fazia uma pergunta que me tocou profundamente. Dizia: " ... e seus vínculos, como ficam os seus vínculos?" Era a mensagem da Analisa que, naquela época, já era minha parceira para a Comunicação Interna.

Precisei mencionar esse episódio nesta apresentação porque olhar para trás e constatar que, depois de tantos anos, o relacionamento de trabalho com a Analisa e com a sua equipe se transformou em uma parceria sólida, construída com base em competência e profissionalismo, me faz acreditar em duas coisas: que eu tive sucesso no cuidado com os vínculos e que o convite para participar deste livro celebra o valor dos relacionamentos duradouros. Concordam?

Boa leitura!

Márcia Baena
*Diretora de Gente & Gestão do Burger King*

# Sumário

Apresentação . . . . . . . . . . . . . . . . . . . . 7
Prefácio. . . . . . . . . . . . . . . . . . . . . . . . 11
Introdução . . . . . . . . . . . . . . . . . . . . . . 13
1 | Causa, sentido e significado. . . . . . . . . . . . . . . . . . . 21
2 | Hoje tudo é endomarketing. . . . . . . . . . . . . . . . . 41
3 | Endomarketing é marketing e ponto final . . . . . . . . . 53
4 | Um novo olhar sobre o público interno . . . . . . . . . . 69
5 | O endomarketing estratégico. . . . . . . . . . . . . . . . 93
6 | A marca como empregadora . . . . . . . . . . . . . . . 147
7 | A liderança colaborativa. . . . . . . . . . . . . . . . . . 185
8 | O líder como primeiro e principal canal . . . . . . . . . 201
9 | Técnicas e estratégias de comunicação face a face . . . . 227
10 | Mensuração de resultados . . . . . . . . . . . . . . . . 261
Uma dor e um privilégio. . . . . . . . . . . . . . 267

# Prefácio

**C**ostumo dizer, sério, em palestras e conversas, que não sou Diretor de Comunicação Corporativa, mas sim de Conexão Corporativa. Porque a nossa função não é informar públicos sobre decisões e produtos das empresas, mas sim juntar marcas e seus propósitos às pessoas. Conectar. E nenhuma conexão funciona se não começar dentro de casa.

Em casa, quando estamos de chinelos, relaxados, junto daqueles que nos conhecem mais, é que somos e temos de ser mais verdadeiros. Nas empresas é a mesma coisa. É com a nossa turma, por meio do público interno, que vamos conectar nossa marca ao mundo.

Assim, ele tem que ser o primeiro a acreditar, a embarcar na visão, a comprar. Acredito nisso quase tanto quanto Analisa, uma das pessoas mais dedicadas ao tema que já conheci. Com ela, também compartilho a ideia de que comunicação traz felicidade. A boa comunicação, claro.

Vivemos numa época de transparência total e compulsória. Onde não existe mais separação entre comunicação externa e interna, pois todos sabem tudo sobre as marcas o tempo inteiro.

Nesse momento, olhar para dentro de casa com carinho, verdade e emoção tem que ser o primeiro passo para uma estratégia de Marketing e de Endomarketing que pretenda ser genuinamente abrangente.

É um pouco disso o que você lerá neste livro. Mas eu diria que não é a melhor parte. Bom mesmo é descobrir em cada caso, cada dica, cada experiência, uma profissional muito apaixonada pelo que faz e totalmente conectada com seu público-alvo. Uma profissional das conexões corporativas.

Hélio Muniz
*Diretor de Comunicação da Avon*

# Introdução

**No início dos anos 90,** quando decidi ser uma especialista em endomarketing, estabeleci o desafio de escrever um livro a cada três anos, o que me obrigaria a ter que estudar e construir conhecimento de forma sistemática e que contribuiria para que eu alcançasse o objetivo de me tornar uma referência nesse assunto.

Desde o início, adotei a técnica de ler tudo o que encontrasse sobre gestão de pessoas e marketing, e que pudesse ser aproveitado e versado para a comunicação de uma empresa com o seu público interno.

Costumo comprar livros nas livrarias dos aeroportos, nas muitas viagens que faço a trabalho. Compro os títulos que me atraem e folheio durante as viagens, lendo apenas os capítulos que me interessam e marcando à caneta aquilo que pode ser usado no endomarketing.

Somado a isso, tenho memória auditiva, o que me faz aproveitar, também, as muitas palestras que tenho a oportunidade de assistir. O fato de atuar como palestrante, leva-me a fazer apresentações em congressos e convenções promovidos pelas empresas. Nesses eventos, sempre que posso, chego antes e vou embora depois da última palestra. Isso permite que eu assista aos palestrantes que me antecedem e me sucedem. Com cada um deles, aprendo algo que considero importante.

E assim, a partir daquilo que leio, escuto e aprendo com as empresas, tenho escrito meus livros. O primeiro foi publicado em 1994, quando ninguém havia escrito sobre esse tema e o último, em 2013, quando o assunto não era mais uma novidade. Chegou a hora, portanto, de escrever o próximo que começo hoje, dia 8 de maio de 2017, no escritório do apartamento onde moro, em Porto Alegre.

Comecei esta introdução comentando sobre como o meu processo criativo acontece porque sempre tive a sensação de estar roubando ideias, uma vez que o conteúdo construído por mim nada mais é que uma colcha de retalhos do pensamento de pessoas que leio e assisto, mesmo que tudo sofra uma adaptação para ser aproveitado no ambiente interno.

Esse sentimento me acompanhou até encontrar o livro de um jovem criativo que tem o mesmo nome da cidade onde mora. Ele se chama Austin Kleon e mora em Austin, no Texas, EUA. Segundo ele, "Nada vem do nada. Todo trabalho criativo é construído sobre o que veio antes. Nada é totalmente original". Aliás, isso está na Bíblia (Eclesiastes 1:9): "Não há nada de novo debaixo do sol".

Em seu livro *"Roube como um artista – 10 dicas sobre criatividade"*, Austin Kleon defende que "toda ideia é apenas um mashup, ou um remix de uma ou mais ideias anteriores". Ao ler o livro de Austin, deixei de me sentir uma farsa, literalmente. Quando ele diz que "primeiro, você descobre o que vale a pena roubar" e que "quando você olha para o mundo dessa maneira, para de se preocupar com o que é bom e o que é ruim – há apenas coisas que valem a pena ser roubadas e coisas que não valem", senti-me representada.

Entretanto, jamais gostei de livros que são um conjunto de citações de outros autores. Sempre me orgulhei de escrever livros nos quais defendo minhas próprias ideias, embora com a consciência de que o conteúdo colocado ali foi inspirado em informações que encontrei ao longo do caminho.

A verdade é que as ideias de Austin fizeram com que eu me sentisse livre do fardo de ter que ser completamente original e passasse a aceitar o meu processo criativo como algo que acontece naturalmente, e que nada mais é do que a forma que escolhi para me inspirar.

Esse sentimento de alívio foi ainda maior quando me dei conta de que, ao transformar as informações que encontro na teoria que coloco nos meus livros e nos serviços que presto, levo em consideração o profundo conhecimento que possuo sobre o mundo corporativo, por já ter trabalhado e convivido com mais de 100 empresas de diferentes portes e segmentos.

Percebi, também, que não sou uma acumuladora de ideias e, sim, uma colecionadora, pois só guardo aquilo que realmente me interessa. Ser seletiva facilita o meu processo e o meu dia a dia. Um produtor de filmes americanos chamado Jim Jarmush sugeriu: "roube qualquer coisa que ressoe em você, que inspire ou abasteça sua imaginação". Isso é, portanto, o que tenho feito e o que faz deste meu novo livro, um apanhado de tudo aquilo que colhi por aí nos últimos tempos e que busquei transformar para repassar aos profissionais que, ao lerem o que pretendo escrever, também roubarão minhas ideias para utilizá-las nas empresas em que atuam.

Neste livro, quero abordar o endomarketing de uma forma mais estratégica e coerente com os novos tempos. Meu desafio é propor uma nova forma de olhar para o assunto.

O endomarketing pode ser definido, hoje, como todo e qualquer movimento que uma empresa faz no sentido de atrair, integrar, engajar e reter talentos.

Os resultados, em nível de atração, começaram a ser percebidos no momento em que as empresas, hoje consideradas benchmarking nesse assunto, passaram a se posicionar como marcas empregadoras. Para integrar e reter talentos, está a informação corporativa, que, se bem trabalhada internamente, além de contribuir para que esses objetivos sejam atingidos, promove o alinhamento do pensamento e das atitudes das pessoas à estratégia da empresa. Assim, o tão desejado engajamento por parte do público interno ao que a empresa propõe, decide ou realiza, é decorrente da forma como a informação acontece dentro dela.

Mas, embora não pareça, esse é um processo bastante difícil para as empresas, mesmo para aquelas que possuem boa intenção, além de recursos humanos e financeiros alocados para isso. Acredito que, por isso, tenho sido constantemente questionada sobre o que se deve fazer para alcançar resultados com iniciativas de endomarketing, como se as estratégias pudessem ser iguais para todas as empresas. Qual é o segredo? No fundo, é isso que as pessoas que me questionam querem saber.

Quando a pergunta citada acima acontece, percebo que ainda existem empresas que mantém seus canais focados em avisos e comunicados, sem entregarem ao seu público interno informações mais consistentes sobre o negócio, mercado, gestão, desafios, estratégias e resultados. São empresas que mantêm um mural digital "porque é um canal moderno", implantam uma intranet "porque toda empresa tem" e buscam um fornecedor para criar um aplicativo interno para que seja mais um veículo com conteúdo superficial. São empresas que aprovam uma campanha "porque está bonita" e que fazem "a festa pela festa", sem que haja um conceito estratégico sendo trabalhado naquele momento, que pode não ser apenas motivacional, mas também informativo.

Já os resultados em nível de informação, integração e consequente engajamento somente serão alcançados quando essas empresas entenderem que a informação corporativa precisa ser trabalhada com sistemática, responsabilidade e profundidade. Mais do que isso, os profissionais responsáveis pelo endomarketing precisam entender que o conteúdo é mais importante que a forma, embora o ato de "vender a imagem para dentro" pressuponha o uso de técnicas e estratégias de marketing para despertar a atenção do público, e a forma seja uma dessas estratégias.

Outro fator relevante é a participação do líder nesse processo. A empresa que consegue que a liderança atue como primeiro e principal canal de comunicação com o público interno, obtém resultados significativos no que se refere à assimilação das mensagens e ao engajamento por parte das pessoas.

O grande segredo está, portanto, na profundidade do conteúdo que, quando entregue pelos meios adequados, torna-se não apenas eficiente, mas eficaz na geração de resultados concretos.

Dentro desse contexto, pretendo focar este livro em dois temas que considero a grande necessidade das empresas neste momento:

- A construção e a comunicação do *EVP – Employee Value Proposition*, com a apresentação de três diferentes exemplos; e

- A preparação dos líderes para que assumam o papel estratégico que possuem no processo da informação.

E como também costumo roubar ideias das empresas para as quais trabalho, quero me inspirar na Renner, uma organização que tem sido incansável na busca pela simplicidade, sem descuidar do seu valor maior que é "encantar".

Aprendi sobre a simplicidade, também, lendo o livro do ex-diretor criativo da Apple, Ken Segall, chamado *"Incrivelmente Simples"*. Nele, o autor defende a ideia de que "se tiver que escolher, qualquer pessoa mentalmente sã escolherá o caminho simples ao mais complicado". Há quem diga, também, que hoje a simplicidade é o novo luxo, o que me faz abordar os assuntos que escolhi para este livro da forma mais simples e coloquial possível, para que seja uma leitura rápida e prazerosa, sensibilizando e ajudando profissionais cuja rotina de planejamento e operacionalização do endomarketing é cada vez mais intensa e complexa, decorrente da expectativa das pessoas, que só aumentou nos últimos anos.

Refiro-me a uma linguagem direta e conectada com o leitor, como um contar de histórias, porém com a consistência que o assunto exige. Meus livros nunca se propuseram a ser acadêmicos e, sim, um relato das minhas percepções, por vezes alicerçadas em alguns autores.

Neste livro, usarei o termo "empregado", embora saiba que, muitas vezes, o público interno extrapola o significado dessa palavra, pois existem muitos outros segmentos de público considerados internos. É importante ressaltar, também, que uso o termo "empregado" porque é o que considero mais correto, uma vez que estou abordando a relação capital/trabalho, na qual existem o empregador e o empregado. Mas poderia usar o termo "colaborador", como tantas empresas.

Trabalhando para diferentes segmentos e organizações, não tenho preferência por um ou outro termo, pois conheço muitos (funcionário, profissional, integrante, associado, parceiro etc.) e porque acredito que o importante é a integridade que a empresa coloca no seu relacionamento com o público interno e não a palavra que usa para se referir a ele.

Sobre os exemplos que cito, tanto no que se refere à prática do endomarketing, quanto à comunicação líder/equipe, são das empresas com as quais convivo, como prestadora de serviços, ou decorrentes da minha experiência como líder, à frente de uma agência de endomarketing que possui 70 empregados.

Outro detalhe sobre este livro é que estarei acompanhada da minha filha Andressa de Medeiros Brum. No livro *"Respirando Endomarketing"*, que escrevi em 2003, contei com a participação do planejador criativo Carlos Eduardo Palhares André, meu sócio na agência. Agora chegou a vez da minha filha, cuja trajetória profissional resumo a seguir.

Começo dizendo que uma das coisas que sempre me surpreendeu na Andressa foi a sua absoluta certeza sobre tudo, principalmente sobre o que desejava ser no futuro.

O poeta Zaratustra, de Nietzsche, dizia: "leve o tempo que for preciso para decidir o que você quer ser na vida. Depois, não recue sob qualquer pretexto, pois sempre haverá quem queira te dissuadir". Pois, diante da decisão rápida que ela tomou, ainda pequena, de que queria fazer o mesmo que eu, tive medo que logo mudasse de ideia, o que não aconteceu.

No final do ensino fundamental, aos 17 anos, ela resolveu trabalhar na agência no turno em que deveria estar frequentando o curso pré-vestibular, que optou por não fazer. Chegou, espalhou os cadernos em cima de uma mesa e, nos primeiros dias, passava as tardes estudando. Aos poucos, as pessoas começaram a pedir ajuda a ela para trabalhos mais simples. Sem que eu saiba como e quando isso aconteceu, um dia me dei conta de que ela havia se tornado Assistente de Atendimento. Logo depois, já estava substituindo as Executivas de Contas em períodos de férias, ou durante suas viagens. Foi quando percebi que a minha filha já era uma ótima profissional de Atendimento.

Hoje, cinco anos depois, aos 22 anos, a Andressa faz parte da equipe de Planejamento da agência e domina cada etapa do nosso processo.

No final de 2016, quando se formou em Administração de Empresas pela ESPM/RS (Escola Superior de Propaganda e Marketing), escolheu como tema do TCC (Trabalho de Conclusão de Curso) "A Utilização do *EVP – Employee Value Proposition* para Atração e Retenção de Talentos por Grandes Empresas Brasileiras". Para isso, estudou cinco empresas que implementaram o *EVP* e, neste trabalho, explorou a relação positiva dessa ferramenta com a atração e a retenção de talentos que acontece a partir do alinhamento de expectativas entre o que a empresa oferece aos seus empregados com o que ela espera receber em troca, obtendo, como consequência, a diminuição da rotatividade, a redução de custos com pessoas, o aumento do engajamento interno e a melhora do clima organizacional. Esse estudo, realizado sob a coordenação da Professora Me. Ana Cláudia Fleck, foi adaptado, permitindo que a Andressa participe desta obra, o que me enche de orgulho.

Assim, desejo que este livro represente, para o leitor, um momento de inspiração e de aprendizado, gerando insights que sirvam para colocar o Endomarketing num patamar cada vez mais alto, pois esse é o seu lugar.

# 1 Causa, sentido e significado

**Os americanos** estão vivendo o que chamam de uma "epidemia de infelicidade no trabalho". Segundo pesquisa realizada recentemente nos EUA, 60% das pessoas não gostariam de estar fazendo o que fazem nas empresas em que trabalham. Diante desses dados, a nossa primeira reação é pensar que no Brasil não deve ser diferente. Mas é. Uma pesquisa da Etalent, com apoio da Catho, há menos de dois anos, mostrou que o percentual de profissionais brasileiros se declaram infelizes no trabalho que exercem é de 39%.

A pesquisa mostra, também, que o grau de insatisfação do brasileiro pode ter como principal componente, a falta de conhecimento sobre o seu principal talento, item fundamental para a felicidade na carreira, pois quando o indivíduo sabe qual atividade é mais adequada ao seu perfil, maior é a sua proximidade com o sucesso. Essa pesquisa também avaliou o nível de satisfação dos profissionais em relação à empresa em que atuam. O resultado atingiu 65% de favorabilidade, ou seja, também nesse item o contexto brasileiro é melhor que o americano.

Aspectos como oportunidades de desenvolvimento, ambiente e rotina de trabalho, relacionamento com colegas e gestores, além da remuneração, são os principais componentes da satisfação do profissional brasileiro.

Nos últimos tempos foram realizadas muitas pesquisas sobre a felicidade no ambiente de trabalho. O curioso é ver que as expressões "felicidade" e "amor pelo trabalho" são pouco encontradas nos livros, artigos e matérias que abordam o endomarketing e a gestão de pessoas da atualidade. O que se encontra são expressões como "satisfação" e "motivação". No entanto, sabemos que a felicidade, quando relacionada com o trabalho, é capaz de contribuir fortemente para a geração de lucro, pois se analisarmos os rankings de pesquisas como "As Melhores Empresas para Você Trabalhar" da *Você S/A* ou "*GPTW – Great Place to Work*", é possível perceber que as organizações que conquistam as melhores colocações são também as que estão melhor posicionadas como negócio.

Não há dúvidas de que pessoas que se sentem felizes com o seu trabalho produzem mais e de maneira bem mais efetiva, uma vez que esse é o estado emocional ideal para que o ser humano coloque toda a sua energia naquilo que faz. Refiro-me ao benefício do aumento de desempenho e acredito que não exista uma única empresa que não deseje isso.

Quando uma pessoa não vê o seu trabalho como importante, não consegue ter o nível de envolvimento que a empresa espera dela. Da mesma forma, não consegue sentir prazer naquilo que faz e trabalha contando as horas para voltar para casa. Para o jornalista Alexandre Teixeira, "a felicidade no trabalho é o lado menos visível da sustentabilidade, ainda que talvez seja a utopia certa para o século 21".

Sabemos que as empresas não se interessam mais somente pelos braços das pessoas, como acontecia antigamente. Hoje, as empresas se interessam também por cérebros e corações. Em outras palavras, as organizações querem que as pessoas se envolvam emocionalmente com o trabalho, pois sob o ponto de vista do engajamento, sabem que só têm a ganhar com isso.

Conheço uma empresa que adotou, como posicionamento interno, a expressão: Somos aço e coração. No "somos", representou o público interno, no "aço", além do negócio, fez alusão à força e a determinação das pessoas que habitam a região onde a empresa está localizada e, no "coração", deixou claro o envolvimento emocional que espera dos seus empregados.

Outro movimento percebido nos últimos tempos foi a busca por sentido e significado no trabalho. As pessoas querem trabalhar em algo que seja importante e que traga benefícios para a sociedade.

Mesmo num contexto político e econômico complicado, é comum vermos pessoas se desligando de grandes empresas onde ocupavam cargos importantes e, consequentemente, recebiam bons salários, benefícios e incentivos, para se dedicar aos seus próprios projetos ou se vincular a uma outra organização com a qual se identificaram mais intensamente. Em resposta a isso, as empresas passaram a buscar posicionamentos internos que não apenas valorizam as pessoas enquanto profissionais, mas também representam grandes causas com as quais todos possam se identificar.

A causa pode ser entendida, também, como missão ou propósito. Particularmente, prefiro o termo propósito. Mas independente da palavra escolhida para definir o porquê de estarmos fazendo algo, a verdade é que muitas pessoas ainda desconhecem o motivo pelo qual a empresa em que trabalham existe e atua. Isso certamente impacta na forma com que essas pessoas se entregam ao trabalho, ou no grau de integridade que atribuem à empresa.

Para os empregados em empresas de varejo, ou de serviços, que lidam diretamente com o cliente e podem avaliar o nível de satisfação pela proximidade que possuem com ele, é mais fácil encontrar sentido e significado naquilo que fazem. O mesmo acontece com as empresas que fabricam produtos específicos. Mas, para as organizações de primeira e segunda gerações, é bem mais difícil. Por isso a importância dessas empresas priorizarem a informação sobre quem compra e em quais produtos é colocada a matéria prima que fabricam, utilizando para isso, informativos específicos sobre o produto final e seus benefícios na vida das pessoas.

Segundo o Instituto Gallup, uma pesquisa realizada recentemente mostrou que apenas 41% dos empregados, de setores diferenciados, sabem o que a empresa na qual trabalham representa para a sociedade e a razão que a torna diferente em relação aos seus concorrentes. Esse resultado evidencia uma relação direta entre a compreensão que o empregado possui sobre a identidade da empresa e a necessidade da organização comunicar mensagens-chave que representem o seu verdadeiro propósito. Ao observarmos os times campeões nas Olimpíadas, veremos que estão jogando como se defendessem uma grande causa, a sua missão no mundo, ou o seu propósito de vida. Isso pode e deve acontecer também na relação empregado/empresa.

Para que o endomarketing aconteça de forma estratégica, é importante levar em consideração que o trabalho é um projeto de vida das pessoas e isso o diferencia do que a maioria chama de emprego.

## O emprego gera dinheiro para o indivíduo, enquanto que o trabalho gera sentido.

Costumamos nos perguntar sobre o que move as pessoas. Em primeiro lugar, penso que é a necessidade e, em segundo, a paixão. A verdade é que as empresas não querem mais ser consideradas apenas mais um emprego para os seus empregados. Elas desejam fazer diferença e, para isso, precisam se posicionar de forma igualmente diferente.

Existe uma empresa que, durante algum tempo, usou um posicionamento interno muito diferente do que encontramos no mercado, representado pelo conceito: "Ideias de Colaboradores Fantásticos". Essa empresa, além de chamar os seus empregados de "fantásticos", reafirmava isso o tempo todo em suas campanhas de endomarketing com frases como "Colaboradores fantásticos fazem isso ...", Colaboradores fantásticos fazem aquilo ...", sempre num tom elogioso, mostrando quão fantásticos eram os seus empregados e o quanto confiava neles. Era um posicionamento interno bastante moderno e arrojado que, por meio de um adjetivo, colocava as pessoas num lugar de destaque e, ao mesmo tempo em que as empoderava, deixava muito claro o nível de superação que esperava deles. Há pouco tempo, essa empresa mudou o seu posicionamento interno em função da sua estratégia de gestão.

Um posicionamento interno nada mais é do que a representação de:

- como a empresa quer ser percebida pelo seu público interno;
- como a empresa deseja que os seus empregados se sintam;
- o que a empresa espera das pessoas que nela trabalham.

Por vezes, um posicionamento interno representa apenas um dos itens acima. Mas, dependendo da forma como foi criado, pode representar até mais de um.

Tenho conhecimento de uma empresa de comunicação que, ao longo dos anos, era reconhecida no mercado e admirada pelos seus empregados pela sua dimensão. Para se transformar numa grande causa, adotou um posicionamento externo/interno que mostrou o quanto o trabalho de cada um contribui para transformar a sociedade em algo melhor. O posicionamento adotado foi "Informar para transformar". Nesse caso, o posicionamento foi criado para ser usado tanto internamente, quanto externamente, pois os objetivos eram os mesmos, para dentro e para fora.

Conheço outra empresa, fabricante de matéria-prima, que gera sentido e significado para os seus empregados realizando campanhas de endomarketing de forma sistemática. O objetivo é mostrar que aquilo que produz está presente na fabricação de objetos que contribuem para melhorar a vida das pessoas, da saúde à locomoção. Essa estratégia foi adotada porque a empresa entendeu que a convivência com a matéria-prima não era suficiente para que as pessoas se sentissem trabalhando por um objetivo maior. No momento em que mostrou a contribuição para a saúde das pessoas, por exemplo, conseguiu se transformar numa causa e passou a gerar um índice maior de orgulho no seu público interno.

Se a relação capital/trabalho possui dois lados, sendo um da empresa e, o outro, do empregado, é possível dizer que:

- **da parte da empresa**, aumentou a crença de que, se as pessoas se envolverem emocionalmente com o negócio, aumentarão os níveis de engajamento e de retenção;
- **da parte do empregado**, as vidas pessoal e profissional

estão cada vez mais se tornando um movimento único na busca pela felicidade. Quem possui uma vida pessoal prazerosa, também deseja um trabalho que represente uma fonte de prazer.

Outro fator determinante para o engajamento é a capacitação da liderança, pois, muito do que faz as pessoas terem vontade de ir trabalhar todas as manhãs é conviver com líderes que admiram. Sabemos que os líderes não podem se responsabilizar pela felicidade das pessoas no ambiente de trabalho, mas podem criar, em suas áreas, contextos felizes decorrentes da forma como conduzem os relacionamentos profissionais, as atividades do dia a dia e os desafios propostos pela empresa.

A convivência saudável com a liderança representa um percentual muito grande na felicidade das pessoas. Afinal, só é feliz aquele que consegue ter relacionamentos duradouros tanto na vida pessoal, quanto na vida profissional. Isso traz uma responsabilidade enorme para as empresas, que têm como desafio proporcionar o melhor ambiente para um público interno cada vez mais exigente, o que não é nada fácil numa era de escândalos, de orçamento zero, de foco total no resultado, de reestruturações e de incertezas.

Nos 22 anos em que trabalhei vinculada a uma empresa (dos 15 aos 37 anos de idade), convivi com ambientes corporativos nos quais tudo era simples, previsível, lento e estável. Quando alguém se referia a uma mudança, as pessoas sequer prestavam atenção, pois uma simples reestruturação levava anos para acontecer, quando não era esquecida.

Hoje, nas empresas, tudo é complexo, imprevisível, rápido, dinâmico e instável, ou seja, tudo pode mudar a qualquer momento, o que gera um sentimento de angústia permanente no público interno. Dentro dessa dinâmica toda, é muito difícil construir ambientes de felicidade. Portanto, se antes a preocupação das empresas com as pessoas era necessária, hoje é imprescindível.

Quando treino lideranças e falo de técnicas e estratégias de comunicação face a face, costumo dizer que tudo começa no cumprimento e termina no agradecimento. Ao relacionarmos isso com as práticas corporativas, entendemos que tudo começa na integração e passa pelo reconhecimento. Primeiro, porque nada é melhor do que sermos bem recebidos e nos sentirmos acolhidos pela empresa da qual passaremos a fazer parte. Segundo, porque vivemos uma era na qual as pessoas anseiam por reconhecimento.

A forma como as pessoas são tratadas, distinguidas e homenageadas por uma empresa influencia muito mais no seu grau de felicidade e, como consequência, no clima organizacional, do que fatores concretos como salário, benefícios e incentivos. E mesmo quando se desligam, ou são desligadas de uma empresa, aquelas pessoas que tiveram o seu trabalho e esforço reconhecidos, tornam-se formadoras de opinião positiva sobre aquela marca para o mercado.

Duas estratégias de integração bastante simples, que podem tornar diferente o primeiro dia de trabalho das pessoas, são:

- convidá-la para entrar numa sala ou auditório e assistir a um vídeo de integração. No vídeo, um jingle emocional e cenas do dia a dia da e mpresa, tendo como atores os próprios empregados, despertará o seu desejo de pertencimento;
- entregar a ela uma camiseta com a marca ou da grife da empresa, pois ficará grata de voltar para casa com algo que represente o fato de já "fazer parte".

## Assim como existe a experiência de compra, existe a experiência de emprego,

que consiste na forma como o empregado é tratado durante o tempo em que permanece numa empresa.

A experiência de emprego tem sido influenciada negativamente pelo estresse que atualmente toma conta das organizações, especialmente das grandes companhias internacionais. Um dos fatores que contribui para esse estresse corporativo é a busca quase insana pelo resultado e a cobrança em relação a isso. Um outro fator é a rapidez e a complexidade dos avanços da tecnologia. Embora ela tenha vindo para facilitar os processos – o que é uma realidade –, tem se tornado quase impossível acompanhar a sua evolução e se manter totalmente atualizado.

Existe ainda mais um fator, igualmente preocupante: a chegada de uma nova geração de empregados na empresa. Algumas empresas não estão sabendo como agir diante dos que entraram há pouco tempo (Geração Y) e dos que estão chegando agora (Geração Z). Para completar o contexto de dificuldades, a Geração Y já está assumindo cargos de liderança, porém sem conseguir adotar uma postura simples, próxima, envolvente e engajadora, pois, na maioria das vezes, o nível de maturidade não permite.

Com todas as tecnologias que existem, o contato humano acaba se limitando ao cumprimento (quando a pessoa não está olhando para o celular) e ao encontro nas reuniões (nas quais as pessoas também permanecem conectadas, com o seu computador aberto, muitas vezes digitando, enquanto os colegas falam). Todo o restante da comunicação fica resumido ao contato eletrônico/virtual e os seus consequentes mal entendidos. Afinal, é muito mais fácil ofender alguém por mensagem de texto, do que cara a cara.

O espaço gerado pela falta de proximidade entre a empresa e os empregados e entre os líderes e suas equipes acaba sendo ocupado pela comunicação informal. E quem sofre com tudo isso? A empresa e sua imagem, tanto interna, quanto externa. Interna, porque as pessoas atribuem todo e qualquer fator negativo à empresa e, externa, porque o público interno é formador de opinião por excelência e coopera fortemente para a percepção de marca no mercado.

Os muitos escândalos envolvendo grandes organizações aumentaram a conscientização das pessoas e as exigências em relação aos padrões de ética, honestidade e transparência. Hoje, todos esperam uma conduta correta por parte das empresas nas quais trabalham, enquanto as empresas esperam o mesmo dos seus empregados. Vivemos um momento em que o mundo está deixando de achar que "tudo é normal". Dentro desse contexto, tornou-se ainda mais necessária e imprescindível a adoção de boas práticas de gestão, contemplando os interesses e as aspirações do público interno. Diante de tantas questões relacionadas com ética, as pessoas diminuíram o seu nível de tolerância em relação a posturas incorretas, ilegais e antiéticas de colegas e de líderes, estando dispostos a denunciá-las, caso a empresa disponibilize um canal seguro e anônimo para isso.

Segundo a pesquisa *Cycle to Civility*, de Christine Porath, da Georgetown University, de 1998 a 2016 o número de pessoas que se sentiam maltratadas no ambiente de trabalho subiu 13%. Essa pesquisa foi feita com 800 pessoas em 17 segmentos da economia e mostrou que 47% das pessoas reduziram propositalmente o seu desempenho e 78% tiveram o seu comprometimento com a empresa também reduzido em função de se sentirem maltratadas. Com relação à rotatividade, 12% das pessoas disseram que deixaram a empresa por receberem esse tipo de tratamento e 25% dos que se sentiam desrespeitados repassaram as suas frustrações para os clientes. Essa pesquisa mostra que, quanto mais civilizada for a relação entre a empresa e o empregado, melhor será o relacionamento entre as pessoas. Com isso, o sentimento de segurança e a vontade de permanecer na empresa tendem a aumentar.

A pesquisa evidencia, também, a necessidade das empresas certificarem-se de que os seus líderes estão sendo respeitosos e que as pessoas estão se sentindo reconhecidas, pois isso é mais importante do que as oportunidades de desenvolvimento e de crescimento. Além de dar sentido ao trabalho, o respeito e o reconhecimento levam a maiores níveis de saúde e de bem estar, o que reflete diretamente na qualidade de vida dentro e fora da empresa.

A verdade é que hoje, as empresas esperam que seus empregados sejam mais que "agentes de marketing" da sua marca. A expectativa é que sejam

## *agentes de reputação.*

A professora Marlene Marchiori defende no livro "*Reputação – Riscos, Crise e Imagem Corporativa*", que a partir do momento em que a empresa se compromete com a sua causa e existe atitude interna, os relacionamentos se constroem com sentido, pois as pessoas podem reconhecer quem são e vivenciar aquilo que são.

Segundo ela, "relacionamentos consistentes e valiosos mobilizam a organização para uma gestão de reputação que possibilita relações autênticas com seus diferentes públicos de interesse, o que torna a organização reconhecida no processo de construir e manter relacionamentos de confiança".

Entendo que, para isso, é preciso bem mais do que simplesmente projetar a marca para dentro, ou praticar o envio de comunicados e avisos de baixa relevância. É preciso trabalhar internamente o conjunto de percepções, opiniões e julgamentos do público interno sobre a capacidade da empresa em gerar valor e, especialmente, sobre o quanto é capaz de honrar e de cumprir as promessas que faz. São essas percepções que determinarão o grau de confiança, credibilidade, estima e admiração que os empregados sentirão em relação a ela e influenciarão na sua decisão de representá-la de forma positiva, defendendo-a quando necessário. Mas, não é que reputação seja mais importante hoje, do que era antes. Ela apenas se tornou mais vulnerável no mundo complexo e multimídia em que estamos vivendo.

Sabemos que uma empresa que possui reputação é capaz de "planar" sobre uma crise e sair dela ainda mais fortalecida. Uma empresa que possui seus empregados como agentes de reputação terá ainda mais condições para isso. Mas como a empresa pode chegar a esse patamar? Sob o ponto de vista da comunicação, ela deverá, em primeiro lugar, ter verdadeiro alinhamento entre discurso e prática, regras claras de *compliance* e um processo de endomarketing que trabalhe seus valores de forma sistemática, além da disponibilidade em entregar informações de alta relevância para o público interno, onde quer que ele esteja. Isso significa pensar globalmente e agir localmente para gerar a percepção de transparência, decisiva para que o empregado se comporte como um agente de reputação.

Mas, não é só a empresa que deve se preocupar em ter uma postura de integridade diante do seu público interno. A credibilidade e a reputação de uma empresa também são um reflexo direto da atuação dos seus empregados. Dentro desse contexto, é impossível ignorar que existem situações e atitudes do público interno que podem lesar uma empresa, em maior ou menor grau, fato com o qual todas precisam conviver. Mas o endomarketing, enquanto processo educativo, existe exatamente para isso: abordar um assunto de forma sistemática até que o empregado o internalize. Segundo o professor Sergey Gavrilets, da Universidade do Tennessee, "quando uma pessoa internaliza uma norma, ela acredita que seguir aquela norma é a coisa certa a fazer, mesmo que ninguém esteja olhando".

Hoje, quando realizo processos de diagnóstico ouvindo o público interno das empresas, sempre me deparo com a palavra *compliance* e a maioria das pessoas a cita com conhecimento de causa, pois já é parte da cultura da organização. *Compliance* – palavra que vem do verbo inglês *to comply*, que significa "agir de acordo com a regra" – é algo no que as empresas estão investindo fortemente. Ou seja, "estar em *compliance*" é estar em conformidade com as leis e os regulamentos internos e externos. Por vezes, durante os diagnósticos, ouço essa palavra no sentido negativo: "se chego atrasado, cometo um *compliance*", como se o termo significasse estar fora e, não, dentro da regra.

Para criar uma cultura de *compliance*, além de implantarem Códigos de Conduta e Canais de Ética, as empresas estão investindo cada vez mais em esforços de comunicação e treinamento, campanhas, fóruns, vídeos e formação de profissionais que possam atuar como multiplicadores para disseminar conceitos e técnicas, além de identificar situações de risco. Obviamente, as estratégias variam de acordo com o perfil da empresa.

Voltando à parte que cabe à empresa, a especialista em reputação, Anik Suzuki – profissional que muito admiro –, diz que "existem cinco fatores considerados os que mais contribuem para uma má reputação perante empregados ou candidatos a vagas: insegurança ou instabilidade, equipes disfuncionais, liderança ruim, depoimentos negativos dos ex ou atuais empregados, e incoerência nos valores".

Também acredito nos valores como elementos reguladores de conduta. Quando coerentes, bem disseminados e praticados pelas pessoas, os valores organizacionais contribuem fortemente para que elas se tornem agentes de reputação. Estou me referindo aos valores porque ainda encontro empresas que se restringem a colocá-los na parede, sem que sejam trabalhados. Ao mesmo tempo, tenho convivido com organizações que fazem dos valores o grande alicerce para todos os seus movimentos internos.

Hoje, segundo a revista *Você RH*, quatro entre cinco líderes de gestão de pessoas citam a mudança cultural como o projeto de maior importância para as empresas em que atuam. A mesma revista coloca, também, que 76% dos executivos de RH preveem uma alteração nos costumes das empresas para este e os próximos anos. Os executivos disseram, ainda, que as empresas estão avaliando o estado da sua atual cultura, redefinindo os seus elementos para trazer novos valores e atentando para que o DNA da empresa seja preservado.

Tenho convivido com várias empresas que estão revendo e reescrevendo sua missão, visão e valores, preocupadas em se adaptar aos novos tempos e, principalmente, em criar algo que faça mais sentido para as pessoas. Revisitar os valores, buscando torná-los coerentes com o atual momento da empresa, é uma estratégia de endomarketing que favorece a retomada da atenção do público interno para esse conteúdo, cuja importância é indiscutível.

Segundo o consultor e escritor Vicente Falconi, são necessários sete anos para se mudar uma cultura organizacional. Cultura é um sistema e, como sistema, possui elementos, interconexões e função. Podemos mudar os elementos e o sistema continuar funcionando. O que não podemos mudar são as interconexões e a função. Ao mudarmos esses dois itens, certamente o sistema não será mais o mesmo. Portanto, é possível alterar os elementos, adotando uma linguagem mais moderna para se falar de cultura sem que ela perca a sua essência. Com isso, pode-se conquistar um maior nível de aderência por parte dos empregados.

Há pouco tempo, fui contratada para reescrever o texto que define os valores de uma grande empresa. Além de ouvir a diretoria, visitei várias das suas unidades, perguntando às lideranças e profissionais de base se os valores e os textos utilizados para defini-los ainda faziam sentido. Nesse processo, levantamos as frases de efeito que, no dia a dia da empresa, haviam se tornado "mantras". Isso nos ajudou a ressignificar os valores por meio de expressões muito mais usuais, modernas e com forte significado para as pessoas.

Colocado dessa forma, parece um processo simples, mas estou me detendo apenas no fator linguagem, ou seja, no quanto as empresas estão preocupadas em comunicar seus valores de uma forma mais próxima e verdadeira. Obviamente, trabalhar a cultura de uma empresa, seja para fortalecê-la ou para modernizá-la, adequando-a aos novos tempos e costumes, é bem mais complexo do que isso.

O meu desejo é chamar a atenção para algumas estratégias de endomarketing que as empresas estão adotando com vistas a transformar seus empregados em agentes de reputação. Adotar e/ou reforçar movimentos de cultura e de *compliance* é uma delas.

Dentro dessa nova linguagem mais moderna e emocional que começou a ser adotada pelas empresas, tenho visto valores descritos com frases como:

- Só é bom para a gente se for bom para o cliente.
- Somos uma empresa inovadora e divertida.
- Nosso poder está nas pessoas.
- Somos fanáticos por performance.
- O melhor argumento é o que vale.
- Missão dada é missão cumprida.
- Somos gente que gosta de gente.
- O nosso coração pulsa.
- Simplicidade sempre.
- Temos o coração aberto.
- Ética é inegociável.
- Fazemos o que é certo.

Essas são algumas das expressões usadas pelas empresas e que exemplificam uma linguagem mais coloquial e, de certa forma, desafiadora, na divulgação da cultura.

O ideal é melhorar ou dar um novo nome ao valor, criando um texto com a sua definição. Existe, ainda, a possibilidade de um ou outro valor não fazer mais sentido ou de haver um novo que, apesar de já ter sido incorporado pela empresa, ainda não estava descrito junto aos demais.

Depois de ressignificados e reescritos, pode-se escolher diferentes cores para representar os valores e/ou associar cada um deles a um ícone, duas estratégias de endomarketing que permitirão uma assimilação mais rápida pelas pessoas, além de gerar uma série de outras interações e conexões.

Costumo dizer que a cultura é um tema que tem que ser trabalhado o tempo todo, com os valores sendo repetidos de forma sistemática em canais internos de comunicação, em campanhas de endomarketing, em programas de reconhecimento e, principalmente, por meio da comunicação líder/equipe.

Existem empresas que adotam uma frase para ser o conceito guarda-chuva da sua cultura e transformam essa frase em posicionamento interno, ou seja, passam a assinar todos os movimentos de comunicação com ela. Essa é uma boa estratégia para reforçar a cultura. Mas, existem muitas outras ações e instrumentos de divulgação que podem ser adotados, inclusive para que os líderes possam reconhecer as pessoas que melhor representam os valores da empresa.

Os meios para se apresentar a cultura aos empregados no momento da integração, engajamento e retenção são muitos. O importante é entender o quanto a aderência à cultura é decisiva no esforço de transformação de empregados em agentes de reputação.

Os valores devem representar aquilo no que a empresa acredita e que, para ela, é inegociável. E quando os empregados se identificam com esses valores e os adotam na sua vida pessoal, os resultados são imensuráveis. Há pouco tempo, realizando um processo de diagnóstico, uma pessoa me disse que, depois de entrar naquela empresa, havia se tornado muito mais aberta, comunicativa e atenciosa com os outros, em decorrência de tudo o que havia aprendido no ambiente de trabalho, pois os seus novos colegas representavam e praticavam os mesmos valores.

É evidente que a cultura de uma empresa influencia as pessoas e, para gerar essa influência, precisa ser muito bem comunicada. A comunicação da cultura é um processo longo e sem ponto de chegada.

Se quiser ter empregados engajados, uma empresa tem que abordar a sua cultura de forma sistemática, criativa e diversificada.

O Instituto Gallup divide o público interno pelo grau de engajamento da seguinte forma:

**Engajados**: são os empregados leais e psicologicamente comprometidos com a empresa, um público mais produtivo e mais propenso a ficar na empresa por, pelo menos, mais de um ano. São pessoas que trabalham com paixão e sentem uma conexão profunda com a empresa. São profissionais inovadores e que empurram a empresa para a frente.

**Não engajados**: são os empregados que até podem ser produtivos, mas não estão envolvidos psicologicamente com a empresa. São pessoas mais propensas a perder dias de trabalho e a deixar a empresa rapidamente. Profissionais não engajados estão, essencialmente, "fora do jogo". Eles até podem colocar algum esforço no trabalho, mas não colocam energia ou paixão.

**Ativamente desengajados**: são os empregados que estão fisicamente presentes, mas psicologicamente ausentes. São pessoas infelizes com a sua situação no trabalho e insistem em dividir a sua infelicidade com seus colegas. Empregados desengajados são aqueles que minam o que os mais engajados fazem.

Segundo esse Instituto, numa das pesquisas que realizou recentemente, sentem-se felizes no seu ambiente de trabalho:

- **86%** das pessoas **engajadas**;
- **46%** das pessoas **desengajadas**;
- **11%** das pessoas **totalmente desengajadas**.

Esses dados mostram a obviedade da relação entre os níveis de felicidade e de engajamento.

Acredito que a felicidade, além de ser determinada pelos relacionamentos que construímos, se caracteriza como instantes de vida feliz, momentos que a gente deseja que não acabem. Isso tem a ver com retenção de talentos, pois empregados que vivem momentos felizes no seu trabalho possuem uma tendência bem menor de deixar a empresa. Momentos felizes podem ser proporcionados por pequenas surpresas, celebrações, ações de reconhecimento e muitos outros rituais que a empresa pode criar de acordo com a sua cultura. São interações que, além de contribuírem para a retenção, ficarão para sempre na memória afetiva de cada um.

Para o pesquisador Gazi Islam, do Instituto de Educação Insper, "a forma como as empresas cuidam dos rituais de passagem diz muito sobre elas". Analisando estruturas das relações interpessoais nas empresas, Gazi Islam identificou, entre os rituais, simbolismos que representam a forma como uma empresa lida com o fim de um ciclo e o início de uma nova fase. Muitas delas se reinventam, virando uma página na sua história e criando um novo contexto, mas não realizam o rito de passagem e esperam que os seus empregados se deem conta de que alguma coisa mudou. O endomarketing estratégico pressupõe formalizar essas etapas por meio de rituais que evidenciem o momento da passagem e façam com que as pessoas percebam que precisam se adaptar ao novo momento, sob pena de não conseguirem evoluir na mesma proporção que a empresa.

A forma como a empresa lida com esses rituais de passagem e outros momentos especiais — que têm como objetivo integrar e reconhecer empregados — é que vai dar o tom da sua cultura organizacional, juntamente com a disseminação permanente e com o incentivo à prática dos valores.

Assim como na vida pessoal temos o batizado, a primeira comunhão, a crisma, a formatura do ensino básico, depois do ensino fundamental, a comemoração dos 15 anos, a formatura da universidade, o casamento etc., na vida profissional também passamos por alguns rituais considerados oficiais nas empresas.

Alguns deles são:

- o primeiro dia de trabalho numa empresa, quando deve acontecer o ritual de integração;

- a avaliação de 30 ou 45 dias, momento que a pessoa pode conversar com o seu líder e contar como está se sentindo e no que precisa de ajuda, assim como ouvir um feedback sobre os seus primeiros dias de trabalho;

- a comemoração de aniversário da empresa;
- a celebração de aniversário da pessoa na empresa, cada vez que faz um, dois, três anos de empresa e, assim, sucessivamente;
- o reconhecimento pelo tempo de empresa a cada cinco, 10, 15, 20, 25 e 30 anos, juntamente com os profissionais que comemoram seus ciclos;
- as premiações por mérito ou por resultados alcançados;
- as promoções para novos cargos;
- as passagens de um contexto da empresa para outro, o início de uma nova era, um novo desafio assumido, uma mudança com data marcada para acontecer, a inauguração de uma nova sede, uma mudança organizacional que pressupõe um novo estilo de gestão, uma evolução da empresa para um novo patamar digital, uma mudança de marca etc.;
- a entrevista de desligamento após a decisão pelo afastamento que pode partir da pessoa ou da empresa;
- outros que podem ser criados.

Na avaliação de 30 ou 45 dias após a contratação do empregado, uma boa estratégia é perguntar qual é a impressão dele em relação à empresa e como está se sentindo nela para, depois, utilizar os depoimentos positivos em campanhas de endomarketing, ou em matérias nos canais de comunicação com o público interno.

O endomarketing pode e deve estar presente em cada um dos momentos acima, sempre reforçando a marca, o propósito da empresa e a importância das pessoas como protagonistas de toda e qualquer mudança ou evolução. Afinal, as mensagens emitidas, os rituais internos e as experiências proporcionadas pela empresa precisam ser úteis e fazer sentido para os empregados. Assim, eles serão capazes de transformar esses estímulos em envolvimento emocional.

# 2 Hoje tudo é endomarketing

**A** **credito** que sempre que colocamos as coisas nos seus devidos lugares, fica mais fácil pensar estrategicamente. Da mesma forma, sempre que separamos e definimos aquilo sobre o que precisamos comunicar, temos mais resultado em nível de assimilação e de entendimento. Mas não estou me referindo apenas ao processo de planejamento. Refiro-me a separar os conteúdos dentro de canais/veículos de comunicação com o público interno e de espaços específicos para que, utilizados de forma sistemática, sirvam para organizar a informação na mente do empregado e, com isso, gerar um nível maior de assimilação. Afinal,

*comunicação é entendimento.*

Existem cinco linhas diferentes de Comunicação:

**COMUNICAÇÃO INTRAPESSOAL** – De uma pessoa consigo mesma, a partir de uma reflexão íntima.

**COMUNICAÇÃO INTERPESSOAL** – De uma pessoa com a outra, que ocorre entre dois ou mais indivíduos. Importante: muitas pessoas ainda confundem comunicação empresa/empregado com comunicação Interpessoal.

**COMUNICAÇÃO PARA PEQUENOS GRUPOS** – De uma pessoa com grupos ou entre grupos que possuem um propósito em comum.

É aqui que se localiza a comunicação líder/equipe (do líder para a sua equipe).

**COMUNICAÇÃO DE MASSA –** É aquela que atinge grandes grupos por meio de diferentes mídias. Portanto, a comunicação com o público interno pode ser considerada uma comunicação de massa. Sim, o endomarketing ainda é um processo de comunicação de massa, pois a sua essência está na entrega da informação pela empresa para os empregados e, no caso da comunicação de mão dupla, dos empregados para a empresa.

As organizações que investem em endomarketing o fazem porque querem que todos sejam comunicados sobre os seus objetivos, estratégias e resultados, mesmo que para atingir determinados segmentos de público interno sejam necessárias diferentes abordagens e vários canais/veículos. Mas, as mensagens gerais devem ser as mesmas para todos. As mensagens específicas é que se destinam a atingir determinados grupos de público interno. Dentro desse contexto, existe um movimento muito forte das empresas em entregar a informação de forma exclusiva e prioritária para as lideranças, o que é uma estratégia decisiva para responsabilizá-los e instrumentalizá-los para a comunicação face a face.

Existem esforços, também, para fazer a informação chegar a segmentos de público que trabalham em outros locais que não aqueles onde está o maior número de empregados como, por exemplo, profissionais da área comercial que atuam "no campo", ou operadores que atuam dentro de uma mina.

Pode-se dizer, sem medo de errar, que a comunicação com o público interno é um processo de massa porque em mais de 50% das empresas a informação distribuída ainda é igual para todos, o que não as impede de atingir bons resultados. Obviamente, o ideal é customizar o conteúdo de forma a atingir segmentos específicos de público interno com informações adequadas. Esse é um processo evolutivo que depende de recursos humanos, financeiros e tecnológicos e que já está acontecendo em muitas empresas, o que certamente está gerando resultados ainda melhores.

**COMUNICAÇÃO EM REDE** – Por meio da internet e aberta à participação de todos. A comunicação em rede já começou a ser usada como um canal de comunicação com o público interno ou para que aquilo que é feito internamente pela empresa possa ter uma repercussão externa. Isso acontece, por exemplo, quando a empresa cria uma rede social corporativa, promovendo a interação e a colaboração entre os seus empregados.

Outra prática das empresas que está aumentando consideravelmente é o uso das redes sociais para repercutir externamente aquilo que acontece dentro da empresa e que pode contribuir para a sua imagem. Cito como exemplo uma empresa que mudou os uniformes da sua equipe de linha de frente e, para lançá-los, criou um desfile de modas, chamando os próprios empregados para desfilá-los na passarela. Para assistir, convidou os empregados com mais de 10 anos de empresa. O que essa empresa não esperava é que os empregados, tanto os que desfilaram os novos uniformes, quanto os que assistiram ao desfile, fizessem muitas postagens nas redes sociais. Como resultado, a empresa foi beneficiada com o equivalente a um milhão de reais em mídia espontânea, pois os posts feitos também serviram para chamar a atenção da imprensa sobre o assunto.

Hoje, sabemos que a imprensa pauta as redes sociais, assim como as redes sociais pautam a imprensa.

Ainda sobre a comunicação em rede, as empresas têm utilizado as redes sociais para cumprir com objetivos de endomarketing bastante específicos.

Um exemplo disso foi uma empresa que conseguiu o número de inscrições que precisava para o seu programa de estágio quase sem custo, apenas sugerindo que os estagiários que já estavam no programa fizessem posts nas redes sociais e, com isso, atingissem seus amigos e colegas de faculdade. A estratégia adotada pela empresa foi criar *cards* engraçados que, ao mesmo tempo, passavam a informação sobre os benefícios de estagiar naquela empresa. Esses *cards* faziam parte de um concurso interno para os estagiários: aqueles que fizessem mais publicações nas redes sociais ganhavam pontos e, no final, o campeão receberia um prêmio. Com essa campanha de baixíssimo custo, a empresa registrou mais de mil inscrições para o programa de estágio em 24 horas.

Hoje, podemos dizer que a comunicação com o público interno e o endomarketing são processos que também acontecem em rede.

## A comunicação é um processo simples?

Não. A comunicação não é um processo simples, nem fácil, pois, além de ter uma série de variáveis, é protagonizada ou operacionalizada pelo elemento humano, com toda a sua complexidade e variabilidade. Exatamente por não ser um processo simples, nem fácil, uma das frases que as pessoas mais dizem nas empresas quando alguma coisa dá errado é

## *"O nosso problema é de comunicação".*

O problema de comunicação, de alguma forma, sempre é atribuído à empresa. Para as pessoas, ela é quem gera e, ao mesmo tempo, ela é quem deveria resolver o problema de comunicação. Mas, precisamos lembrar que a empresa é uma entidade abstrata. Sem as pessoas, ela não existe. Portanto, é evidente que o problema de comunicação está nas pessoas.

Segundo o publicitário Edson Athayde: "Poucos estão ouvindo o que você está dizendo. A maioria está apenas balançando a cabeça, esperando que você feche a boca para poder começar a falar". A dificuldade das pessoas ouvirem umas às outras, é um dos principais ruídos com os quais convivemos. São eles:

**RUÍDO AMBIENTAL** – Falatórios, sons de trânsito, movimento de pessoas, toques de telefones e outros.

**RUÍDO MATERIAL** – Equipamentos danificados, tecnologias ultrapassadas e outros.

**RUÍDO PESSOAL** – Linguagem, condição psicológica, temperamento, comportamento dos envolvidos, falta de informação sobre o assunto e outros.

Complementando essa questão, existem empresas que ainda não entenderam a comunicação com o público interno como um trabalho de cunho jornalístico, não investindo na gestão de conteúdo adequado para comunicar a sua estratégia. Da mesma forma, quase não investem na qualificação dos profissionais que têm sob a sua responsabilidade o planejamento e a operacionalização do processo.

Outra tendência que tenho percebido, principalmente nas organizações internacionais, é o fato dos executivos usarem uma linguagem excessivamente complexa – além de siglas e de palavras em inglês – nos textos que explicam os programas e projetos dos quais são responsáveis. Quando o profissional de comunicação redige a notícia ou a matéria de uma forma que os empregados da base entendam, esses executivos revisam e exigem que o texto seja publicado da forma complexa com que escreveram. É muito comum, também, as áreas corporativas entenderem que aquele é o momento certo para comunicar o seu programa, sem levar em consideração o fato de que outras campanhas de endomarketing estão previstas para aquele mesmo momento.

O resultado disso é que várias campanhas atingem o público interno ao mesmo tempo, por meio de um ou mais canais, sem que haja um conceito ou posicionamento interno em comum. Refiro-me a muitas mensagens entregues ao mesmo tempo, sem nenhuma conexão entre si, que acabam gerando pouca assimilação.

Além disso, existem empresas que investem na comunicação com o público interno, planejando e criando bons canais e campanhas, mas não conseguem democratizar a informação estratégica e relevante, ou seja, só autorizam o repasse de informações de baixa relevância, que não contribuem para a consolidação de uma imagem interna positiva.

Outro erro bastante frequente acontece quando as empresas tomam uma decisão, mas levam muito tempo para transformá-la em informação e repassá-la ao público interno, o que gera espaço para boatos sobre aquele assunto, incentivando e intensificando a comunicação informal. Por isso, considero de extrema importância a reflexão sobre as causas que provocam ruídos na comunicação com o público interno.

Obviamente, quanto mais problemas existirem no processo, mais intensos serão os ruídos. Da mesma forma, maior será a tendência das pessoas buscarem a informação nos canais informais, onde encontrarão conteúdos incompletos e/ou deteriorados. Como em muitas empresas as pessoas ainda precisam conviver com esses diversos ruídos, a comunicação é sempre um processo muito difícil, o que faz com que continuem a repetir "o nosso problema é de comunicação", sem se aprofundar e entender o que gera esse problema.

Independente de qual tipo de comunicação esteja sendo estabelecida, o ato de comunicar deve gerar, sempre, a percepção de que

## se o público não entendeu, é porque a comunicação não aconteceu.

Muitas vezes, as empresas possuem canais internos de comunicação e realizam campanhas de endomarketing, mas não conseguem atingir níveis satisfatórios de informação e de integração:

- da pessoa com a empresa;
- entre as unidades;
- entre as área;
- entre as pessoas.

Isso geralmente acontece porque tanto os canais, quanto as campanhas são distantes, sem atrativos e superficiais, ou seja, veiculam informações de baixa relevância que não contribuem para a imagem interna.

Penso que o maior ruído que pode acontecer na comunicação com o público interno é a dificuldade da empresa em disponibilizar informações de alta relevância sobre o negócio, gestão, recursos humanos, produção, mercado e outras. Quando me questionam sobre qual deve ser a quantidade de informação veiculada nos canais, sempre respondo que o importante é a relevância para o negócio e para as pessoas. Afinal, a comunicação com o público interno nada mais é do que a ação de tornar comum os objetivos, estratégias e resultados.

A empresa que comunica ao seu público interno:

- aonde deseja chegar,
- o que vai fazer para atingir seus objetivos,
- quais os resultados alcançados,

está fazendo comunicação interna, mesmo que de forma simples e intuitiva.

O professor João José de Azevedo Curvello é quem traz uma das definições de comunicação interna com a qual mais me identifico. Para ele, comunicação interna é "um conjunto de ações que a organização coordena com o objetivo de ouvir, informar, mobilizar, educar e manter a coesão interna em torno de valores que precisam ser reconhecidos e compartilhados por todos, e que podem contribuir para a construção de boa imagem pública".

Tenho sido muito questionada sobre a diferença entre a comunicação interna e o endomarketing. Costumo responder da forma mais simples possível:

**COMUNICAÇÃO INTERNA** – Sempre que uma empresa entrega uma informação para os seus empregados por meio dos canais internos de comunicação ou do líder, está fazendo comunicação com o público interno.

**ENDOMARKETING** – Sempre que uma empresa transforma essa informação em algo mais atrativo antes de entregá-la ao empregado, usando técnicas e estratégias de marketing, depois veicula nos canais internos de comunicação, ou por meio de uma campanha, está fazendo endomarketing.

Mas hoje, mesmo quando as empresas estão veiculando uma informação nos canais internos ou responsabilizando o líder por repassá-la para a sua equipe, se utilizam técnicas e estratégias de marketing.

A seguir, alguns exemplos disso:

- Quando uma empresa utiliza uma cinta, uma embalagem diferenciada ou um aplique numa revista interna impressa para chamar a atenção do empregado para alguma ideia, conceito ou programa, está fazendo comunicação interna (porque a revista é um canal interno), mas também está fazendo endomarketing (porque tanto a cinta, quanto a embalagem, ou o aplique são estratégias de marketing).

- Quando uma empresa coloca na sua revista digital o vídeo de um comercial que deseja divulgar primeiro para o seu público interno, está fazendo comunicação interna (a revista é um canal) e endomarketing (mostrar o comercial primeiro para dentro é uma atitude de endomarketing).

- Quando uma empresa cria um selo para identificar a comunicação direta com os seus líderes, com versões para compartilhar, ou não, com a sua equipe, e ao enviar uma mensagem a eles por e-mail ou por um vídeo espera que, ao verem o selo, entendam como devem proceder – repassar ou não o conteúdo para a sua equipe –, está fazendo comunicação interna (porque o líder é um canal), mas também está fazendo endomarketing (o selo criado é um recurso de marketing).

Hoje, tudo o que uma empresa faz para se comunicar com os seus empregados pode ser considerado endomarketing, pois as técnicas e estratégias de marketing estão sempre presentes, mesmo quando se trata de um simples repasse de informação.

Quando surgiu, o endomarketing se resumia à estratégia de apresentar aquilo que seria divulgado na mídia externa primeiro para o público interno. Uma empresa desenvolvia uma campanha de marketing para o seu produto ou serviço e, antes de lançá-la para o público externo, reunia seus empregados e a apresentava.

Até pouco tempo, o endomarketing era um termo usado somente quando o cliente/consumidor estava envolvido, abrangendo exclusivamente os esforços feitos pela empresa para melhoria do atendimento ao público.

Hoje, endomarketing é bem mais do que isso, pois abrange todo e qualquer esforço que a empresa faz para se comunicar com o seu público interno, gerando o engajamento que precisa para cumprir com os seus objetivos e gerar resultados. Um processo que atualmente exige muita rapidez, interação e flexibilidade, principalmente se levarmos em consideração a presença das pessoas e das empresas nas redes sociais.

A escritora e especialista em qualidade de vida Ana Cristina Limongi-França possui uma visão bem abrangente, definindo o endomarketing como "um modelo de gestão dotado de uma filosofia e de um conjunto de atividades que faz uso de políticas, conceitos e técnicas de recursos humanos e de marketing, tendo como função principal integrar todas as áreas e níveis organizacionais, além de fazer com que os empregados estejam motivados, capacitados, bem informados e orientados para a satisfação dos clientes".

A verdade é que os recursos de marketing estão sendo muito utilizados na comunicação com o público interno, o que torna os canais, as campanhas e as ações de endomarketing cada vez mais sofisticadas. É por isso que quase não uso mais a expressão **comunicação interna**. Obviamente, existem especificidades da comunicação com o público interno e do endomarketing que os diferencia, mas considero mais moderno e econômico me referir a tudo como endomarketing, levando em consideração que os recursos de marketing estão presentes em praticamente tudo. Como uma dessas especificidades, defendo que a comunicação interna comunica decisões, fatos e iniciativas, enquanto que

## *o endomarketing pode criar fatos para, depois, comunicá-los.*

Dentro do endomarketing, estão três caminhos distintos e complementares: o líder, os canais de comunicação interna e as campanhas e ações de endomarketing. Assim, a empresa que possui um processo estruturado de endomarketing é aquela que:

• distingue e utiliza o líder como o primeiro e principal canal de comunicação com o público interno;

- possui canais de comunicação com o público interno estruturados para veicular os conteúdos que necessita;
- realiza campanhas e ações de endomarketing informativas e motivacionais.

Mas acredito que a expressão (comunicação interna ou endomarketing) é o que menos importa. O que importa é o acordo entre quem fala (a empresa) e quem ouve (o empregado) e a atenção para que essa seja uma via de mão dupla.

Isso tudo é comunicação com o público interno, assim como isso tudo é endomarketing.

# 3 Endomarketing é marketing e ponto final

**Ao começar este capítulo**, lembrei que o meu primeiro contato com o marketing foi participando de um curso do economista e professor Raimar Richers, um suíço que veio para o Brasil ainda criança e que foi um dos fundadores da Fundação Getúlio Vargas. Os primeiros livros que li sobre esse tema foram dele: *"O que é marketing"* e *"Marketing. Uma visão brasileira"*. Depois, ao longo da minha vida profissional, fui estudando, lendo e aprendendo mais sobre esse assunto, cuja transformação permanente exige um acompanhamento exaustivo, mas prazeroso.

Para entender que endomarketing é marketing, basta lembrar dos conceitos básicos de comunicação com o público interno e estabelecer uma relação direta com o marketing, ciência criada junto com o capitalismo que, numa definição bem simples, tem como objetivo a venda de um produto/serviço para um determinado público consumidor.

Em toda relação comercial existe um produto/serviço a ser vendido e um consumidor a ser conquistado por meio de técnicas e estratégias que são utilizadas para que ele consuma esse produto/serviço. No endomarketing também existe um produto e um consumidor.

*Produto = Informação*
*Consumidor = Empregado*

A informação é o produto da comunicação com o público interno e o objeto de valor que se estabelece na relação empresa/empregado. Obviamente, não há a circulação de dinheiro para a obtenção da informação e, sim, a troca da informação pela informação, estabelecendo uma via de mão dupla que interessa a ambas as partes.

O conceito apresentado por Philip Kotler define endomarketing de uma forma bastante ampla, como

## um triângulo estratégico que une a empresa, o funcionário e o cliente,

o que torna mais fácil o entendimento da relação de troca. A empresa e o público interno trocam a informação que gerará uma série de benefícios em nível de engajamento e que, no final, beneficiará o cliente.

No momento em que uma empresa decide compartilhar a informação internamente, permitindo que os seus empregados saibam mais sobre ela e seus objetivos, desafios, estratégias, resultados, processos, mercados, produtos, serviços e outros grupos de conteúdo igualmente importantes, está fazendo com que se sintam parte do processo e contribuindo para o tão desejado engajamento pelo simples fato de tê-los colocado numa posição de importância, entregando a eles a informação que desejam receber.

## A informação tem que ser de mão dupla.

Mas, a empresa também precisa da opinião e da participação do seu público interno para produzir mais e melhor. Isso significa que a informação não pode apenas descer da alta direção para a base da pirâmide organizacional, passando pelas lideranças. (Cito a figura da pirâmide porque até hoje não encontraram nenhuma outra que seja melhor para representar uma empresa.) A informação também precisa fazer o caminho inverso, para que a direção da empresa possa conduzir a sua gestão com base em dados reais, além de poder contar com a visão dos seus empregados sobre os mais diversos assuntos. Exemplo: ninguém conhece melhor o cliente do que as pessoas que estão na linha de frente, em contato permanente com ele, o que significa que a empresa precisa ouvir essas pessoas sistematicamente.

Mas, se o endomarketing segue as regras básicas do marketing, o primeiro passo a ser dado por uma empresa em relação ao seu público interno é conhecê-lo profundamente.

## Nada como um bom CRM interno.

Uma boa solução para isso é investir num CRM – *Customer Relationship Management* – para o consumidor/empregado, um conjunto de informações sobre ele que, após levantadas e analisadas, permitem trabalhar um processo de comunicação e uma proposta de valor de acordo com as suas reais expectativas. Neste caso, estou me referindo não apenas a dados concretos, mas a informações sobre como vive, o que pensa, quais são os seus sonhos, gostos, preferências e outros aspectos relacionados com o empregado enquanto indivíduo.

A verdade é que quanto maior for o entendimento da empresa sobre as caraterísticas do seu público interno, buscando conhecer seus sentimentos, percepções, expectativas, sonhos e ideais, mais coerente e eficaz será o seu processo de endomarketing.

Neste sentido, o maior desafio das empresas está em

*proporcionar ao empregado o mesmo nível de experiência que oferece ao cliente.*

Nessa "vibe" de ver o empregado como um cliente tão importante quanto o seu consumidor final, as empresas já olham para o seu público interno como um potencial comprador dos seus produtos/serviços. Os empregados de uma indústria de produtos de higiene, por exemplo, são potenciais compradores e usuários daquilo que a empresa produz. Os empregados de uma empresa de telefonia também podem se tornar assinantes dos seus diversos pacotes de serviços.

Da mesma forma, se tiverem orgulho desses produtos/serviços, se transformarão em agentes de marketing e protagonistas do melhor atendimento.

É também dentro dessa mesma "vibe" que as indústrias estão criando "lojinhas" dentro das suas unidades para que o público interno tenha acesso àquilo que produzem por um preço mais acessível. A propósito: adoro visitar clientes que tenham lojinhas. Sempre peço autorização para comprar e volto para a agência realizada.

## *Sem informação, não existe comunicação.*

Voltando ao raciocínio inicial, enquanto produto, a informação deve existir, ser vendida e entregue ao consumidor/empregado, o que é uma responsabilidade da empresa.

## *A informação tem que ser atrativa.*

As pessoas somente compram aquilo que precisam ou que as atrai. E mesmo quando precisam, avaliam as diversas ofertas do mercado e são seduzidas por aquilo cujo apelo comercial é maior. Para isso, a informação/produto a ser vendida ao empregado precisa estar embalada de uma forma que desperte o seu interesse. É aqui que entram as estratégias e técnicas de marketing que servem para tornar o produto/informação mais atraente aos olhos do consumidor/empregado.

Como estratégias e técnicas de marketing, entende-se: chamadas, frases de efeito, ganchos publicitários, histórias, imagens, fotografias, ilustrações, cores, formatos diferenciados, interações e outros.

## *De nada adianta a informação ser atrativa e não ter distribuição.*

Sabemos que, quando não recebe o produto/informação, o público interno fantasia, cria as suas próprias versões e comenta essas versões espalhando-as pela empresa, o que gera uma série de mal-entendidos. É para evitar isso que a empresa precisa dos meios de distribuição, ou seja, dos canais de comunicação com o público interno e da liderança.

> *De nada adianta ter bons canais, se o líder não fizer a sua parte.*

Ainda sobre a distribuição, é importante que o líder tenha consciência do seu papel como primeiro e principal canal de comunicação da empresa. Os demais canais são complementares à atuação do líder e servem para que a empresa oficialize e assine a informação que já foi repassada por ele. Em alguns momentos, o papel do líder é reforçar o que foi colocado pela alta liderança da empresa, ou dar sustentação a algo que já foi publicado nos canais.

> *Para engajar, nada melhor que campanhas de endomarketing.*

Além do líder e dos canais internos que complementam a sua atuação, existe um terceiro elemento que são as campanhas de endomarketing, um conjunto de peças/instrumentos de marketing interno capazes de chamar a atenção do empregado por meio de mídias internas e de abordagens diferenciadas.

Hoje, as empresas veiculam campanhas de endomarketing criadas com a sofisticação da propaganda bem feita. Com abordagem emocional e o objetivo de engajar, as campanhas de endomarketing também podem e devem ser informativas.

O líder, os canais internos de comunicação e as campanhas de endomarketing são, portanto, os meios pelos quais o produto/informação é enviado ao consumidor/empregado.

Continuando a relação com o marketing, o produto/informação precisa ter uma boa distribuição, ou seja, ser entregue a todos os empregados de todos os cargos, funções e áreas. Como costumo dizer: é preciso entregar a informação a todos os empregados, onde quer que eles estejam e no formato adequado ao seu perfil e ao local em que atuam. Isso pode acontecer por meio do líder, dos canais internos e/ou das campanhas de endomarketing.

## *De nada adianta ter uma boa distribuição e o produto chegar atrasado.*

Obviamente, de nada adianta ter uma boa distribuição e o produto chegar atrasado, pois é na demora da entrega da informação que se estabelece o espaço necessário para que a comunicação informal aconteça.

Ao longo da minha vida como especialista em endomarketing, deparei-me com os vários nomes que os funcionários dão para a comunicação informal. Alguns deles são: Rádio Peão e Rádio Corredor (que são os mais comuns), mas também encontrei Rádio Rancho, Rádio Restaurante, Rádio Elevador, Rádio Pátio, Rádio Sindicato, Rádio Boca a Boca e outras. Mas nos últimos tempos, nas empresas em que realizei processos de diagnóstico, encontrei pessoas se referindo à comunicação informal como Rádio WhatsApp, o que significa que os boatos também se tornaram virtuais.

## *A informação precisa de rapidez, sistemática e flexibilidade.*

É exatamente por causa da comunicação informal que a informação precisa de rapidez, de sistemática e de flexibilidade. Afinal, de nada adianta a empresa comunicar uma vez e, depois, passar um longo período sem comunicar. Além de perder a credibilidade, a empresa incentiva os empregados a criarem as suas próprias verdades, tornando-se refém deles.

Outro fator importante é a necessidade de total interação com o público interno para detectar aqueles segmentos que, por algum motivo, não foram atingidos pelo produto/informação. Estou me referindo ao "ponto cego", termo usado para definir aquele segmento para o qual a dificuldade de entregar a informação é maior, o que normalmente acontece por questões geográficas, ou diferentes ambientes e turnos de trabalho.

As empresas em geral enfrentam muitas dificuldades de se comunicar com:

- equipes comerciais que atuam no campo;
- empregados que fazem o segundo ou o terceiro turno;
- operários que trabalham em minas de céu aberto ou fechado;
- pilotos, comandantes, comissários e outros profissionais que trabalham em aviões, trens ou navios;
- outros segmentos de público interno que se encontram longe, em locais de difícil acesso ou em movimento.

Sempre que a empresa não informa os segmentos de público que estão em movimento, ou em locais distantes – e o líder não assume o seu papel de chegar até eles –, o sentimento gerado é de que não pertencem à empresa, ou de que foram "abandonados" por ela.

## Endomarketing é, portanto, marketing.

Mas, por que essa frase ainda nos causa estranheza?

Porque endomarketing é uma disciplina que, por muitos anos, foi deixada em segundo plano pelas universidades, empresas e profissionais.

Quando criei a agência na qual trabalho, a nossa maior dificuldade era conseguir contratar profissionais de Atendimento, de Criação e de Produção, pois os Relações Públicas e os Publicitários não queriam trabalhar numa agência de endomarketing. Para eles, essa era uma atividade menor. O que conseguíamos eram profissionais em início de carreira, ou alguns poucos que viam um certo romantismo no endomarketing, porém nenhum *glamour*. Talentos do mercado eram nosso "objeto de desejo" na época.

Os anos passaram e, na medida em que a agência cresceu, passou a despertar a atenção do mercado, caracterizada, em muito, pela curiosidade em relação às grandes marcas que começaram a nos entregar suas contas de endomarketing. Assim, um dos itens da nossa Proposta de Valor ao Colaborador – que é muito forte até hoje –, passou a ser a possibilidade desses profissionais "fazerem portfólio", pois ao integrarem a nossa equipe, encontravam a possibilidade de trabalhar para grandes marcas.

Hoje, não temos mais esse problema e devemos isso às grandes empresas que atendemos e ao fato de termos evoluído, usando as mesmas técnicas e estratégias de marketing que fazem a diferença no marketing externo, só que adaptadas para a comunicação com o público interno. Associados a isso, itens como o clima organizacional saudável, o respeito pelas pessoas e a integridade, pelos quais zelamos, também passaram a ser parte da nossa Proposta de Valor ao Colaborador, o que nos fez deixar de ser uma agência na qual ninguém queria trabalhar, para uma marca empregadora, desejada no mercado de comunicação do sul do país.

Outro fator que intensificou esse desejo por parte dos profissionais foi o fato de que, diferente da maioria das agências externas, não precisamos diminuir o nosso negócio em função da crise. Ao contrário, o que estamos vendo são empresas acordando para o fato de que devem dar ao seu público interno o mesmo valor que atribuem ao seu consumidor final.

Aos poucos, o mercado está começando a entender que o marketing está totalmente presente no planejamento e na prática do endomarketing, e não apenas no seu nome. Entretanto – e infelizmente –, o endomarketing ainda é considerado o "primo pobre do marketing", disciplina para a qual o *budget* ainda é muito menor do que o destinado ao marketing externo, estigma que precisa ser combatido urgentemente.

## *O marketing está no endomarketing,*

assim como o endomarketing está no marketing, conforme o raciocínio defendido neste capítulo, cujo resumo apresento a seguir.

**Consumidor** = Público interno.

**Produto** = Informação.

**Meios de distribuição** = Líder, canais internos de comunicação e campanhas de endomarketing.

**Canais internos de comunicação** = E-mail informativo, newsletter, revista interna, jornal de parede, mural digital, intranet, app interno e outros.

**Campanhas de endomarketing** = Conjunto de peças informativas e motivacionais.

**Tempo certo** = Rapidez, sistemática e flexibilidade.

Endomarketing não é uma ação isolada e, sim, um processo que precisa ser estruturado, sistemático e integrado.

Como já assumi que sou uma expert em afanar ideias, o que faz parte do meu processo criativo, informo que a maneira que encontrei para defender que endomarketing é marketing foi inspirada num raciocínio do livro *"O mundo mudou bem na minha vez"*, do publicitário, profissional de marketing, escritor e palestrante Dado Schneider. Afanar quer dizer "buscar ou adquirir com afã". Afã significa "vontade, ímpeto, empenho e muito trabalho". No meu caso, acrescento também "muita leitura".

Ainda defendendo a ideia de que endomarketing é marketing e que o marketing está no endomarketing, e reforçando o quanto ele pode e deve ser estratégico, quero relatar um trabalho que fizemos para uma empresa de logística ferroviária.

Antes de contar sobre esse trabalho, preciso citar o envolvimento emocional que a ferrovia e o trem são capazes de provocar nas pessoas que trabalham para esse segmento.

Nos últimos anos, tive o privilégio de trabalhar para empresas aéreas, ferroviárias e marítimas (no ar, na terra e no mar). Mas foi em três empresas ferroviárias com as quais convivi que pude ver de perto o verdadeiro engajamento, incentivado pelo amor das pessoas pela ferrovia e pelo trem.

Essa empresa sobre a qual vou contar, fazia (e faz) muito pelo seu público interno, oferecendo os melhores benefícios e incentivos, e contando com empregados altamente comprometidos e engajados. Tudo isso sem, na época, praticar uma comunicação com o público interno organizada. O que existia, em nível de endomarketing, eram comunicados e ações pontuais bastante simples. Ocorre que no setor ferroviário, pelo envolvimento emocional das pessoas com o negócio em si, o comprometimento e o engajamento acontecem de forma muito espontânea.

O Presidente dessa empresa tinha um desejo de ver a sua marca entre "as 150 melhores empresas para você trabalhar" da revista *Você S/A*, pois entendia que a empresa merecia esse reconhecimento. No entanto, a empresa nunca havia arriscado se candidatar a essa premiação, pela consciência de que o engajamento do público interno era decorrente muito mais de um estado emocional, do que de percepções positivas em relação ao que a empresa proporcionava.

Passamos a ter, então, esse desafio: fazer com que a empresa fosse distinguida pela *Você S/A* como uma das melhores para se trabalhar. Resolvemos começar pelo básico, organizando o processo da informação. Planejamos, criamos e implantamos canais oficiais de comunicação com o público interno, a fim de que a empresa pudesse começar a comunicar, de forma organizada, tudo o que proporcionava aos seus empregados.

Quando me refiro à "de forma organizada", quero dizer: com canais estruturados, integrados por uma mesma programação visual e de linguagem, sistemáticos, atrativos, e com espaços específicos para grupos de conteúdo importantes, especialmente sobre Recursos Humanos, Gestão e Negócio.

Sempre que me perguntam sobre como começar, respondo:

- **Primeiro**: preocupe-se em implantar canais de comunicação com o público interno e em fazê-los funcionar, pois são essenciais.
- **Segundo**: parta para as campanhas de endomarketing, que são muito importantes.

- **Terceiro**: invista nas ações consideradas complementares que são as de integração, interação e colaboração.

Primeiro o que é essencial, depois o que é importante e, por último, o que é complementar, tudo isso alicerçado na atuação do líder como principal canal de comunicação da empresa com o seu público interno. E tudo isso integrado por um posicionamento interno que reconhecia aquilo que a empresa já possuía, usando isso em seu favor. O posicionamento interno criado foi "Seu orgulho, nossa força".

Assim começamos o esforço de melhorar a comunicação com o público interno dessa empresa que, com o seu processo de informação totalmente implantado e funcionando, melhorou o nível de informação das pessoas, conseguindo a distinção como uma das "Melhores empresas para você trabalhar" da *Você S/A*, já no seu primeiro ano de participação.

Obviamente, essa conquista não foi decorrente somente da implantação de um processo de informação, mas principalmente do fato de ser uma empresa que realmente possuía uma boa proposta de valor para os seus empregados. A informação foi a estratégia utilizada para que isso acontecesse. Mas, uma vez não era suficiente. A empresa quis se candidatar novamente à mesma premiação no ano seguinte.

Com os canais em operação, buscamos estratégias que não só complementassem esse esforço, mas que contribuíssem para que a empresa continuasse entre as melhores. Esse foi o momento de usarmos três caminhos complementares que recomendo a todas as empresas que desejam participar desse tipo de premiação.

## Estratégia 1

Analisamos a pesquisa realizada pela *Você S/A* na primeira edição que a empresa participou, identificando os assuntos que haviam obtido índices de favorabilidade menores e focamos o endomarketing neles por meio de um movimento com o conceito: O melhor da (nome da empresa) para você. Exemplo: nem todas as pessoas reconheceram que a empresa oferecia bons benefícios. Reforçamos a comunicação sobre esse assunto. Essa mesma estratégia foi usada com todos os outros conteúdos cujos índices de favorabilidade obtidos na pesquisa estavam abaixo do que deveriam.

### Estratégia 2

Pesquisamos sobre os termos usados pela *Você S/A* na pesquisa e os adotamos na identidade verbal dos canais de comunicação com o público interno e das campanhas de endomarketing da empresa. Exemplo: a empresa usava "Responsabilidade Social" e a pesquisa perguntava por "Cidadania". O sentido é o mesmo, mas o empregado, acostumado com o termo "Responsabilidade Social", quando questionado sobre programas de "Cidadania" na pesquisa, respondia negativamente, como se a empresa não possuísse nenhum programa social voltado para a comunidade.

### Estratégia 3

Ao responder as perguntas do book que precisava ser entregue à *Você S/A* como parte do processo, optamos por começar cada resposta repetindo a pergunta, para que os profissionais julgadores tivessem a certeza de que a pergunta estava sendo respondida de forma completa, com foco e veracidade, pela sensação provocada quando se responde uma pergunta, começando pela repetição das palavras que foram usadas nela.

Utilizando essas três estratégias, a empresa figurou no ranking da *Você S/A* pela segunda vez consecutiva, porém com um reconhecimento a mais. Além de estar entre as melhores empresas para se trabalhar, foi considerada a "Melhor do Setor de Transporte e Logística". Mas, quem entra duas vezes, quer entrar a terceira e estar entre as melhores da *Você S/A* é sempre um reconhecimento para as empresas que buscam a integridade na relação com os seus empregados.

Nesse terceiro momento, com os canais em pleno funcionamento e com bons resultados em nível de informação, a empresa já estava investindo fortemente em campanhas de endomarketing.

Assim, para entrar pela terceira vez consecutiva, além das estratégias anteriores, a empresa apostou numa campanha de endomarketing de longo prazo que apresentava grandes números, mostrando ao público interno o quanto ela investia em benefícios e incentivos, além de outras benfeitorias que contemplavam, inclusive, as comunidades nas quais a empresa estava inserida. Assim, divulgou por meio de peças *alltype*, dados que tinham como objetivo "chocar" os empregados, acostumados a analisar tudo individualmente. Essa campanha de endomarketing se chamou: "Grandes números de (ano anterior) que nos movem à superação".

Exemplos do que foi comunicado:

- Tantos $ investidos em treinamento.

- Tantos $ investidos no pacote de benefícios.

- Tantos $ investidos na melhoria das instalações e das condições de trabalho.

- Tantos $ investidos em projetos sociais e culturais, beneficiando tantas mil crianças e adolescentes.

- Tantos empregados promovidos pelo plano de desenvolvimento e carreira.

- Outros dados igualmente importantes.

O resultado dessa estratégia de divulgar grandes números para trabalhar a percepção positiva das pessoas sobre o quanto a empresa investe nelas e na comunidade, não poderia ser outro: a empresa foi reconhecida novamente como uma das "Melhores empresas para você trabalhar" da *Você S/A*, momento em que assumiu um novo posicionamento: "Movidos pelo coração".

Essas vitórias – certamente as primeiras de muitas – foram marcadas por grandes comemorações e campanhas de endomarketing que as celebraram a partir dos conceitos:

**No primeiro ano**: "A melhor ferrovia do Brasil é também uma das melhores empresas para você trabalhar".

**No segundo ano**: "(nome da empresa) – Mais uma vez entre as melhores".

**No terceiro ano**: "Orgulho no peito. Brilho no olhar. Energia nas mãos".

Nesse terceiro ano, a empresa criou também uma grande ação de endomarketing chamada "Retratos da nossa paixão", por meio da qual um fotógrafo e um *filmmaker*, em viagem pela empresa, registraram a paixão pela ferrovia. O resultado dessa ação de endomarketing gerou uma exposição virtual (hotsite) e real (itinerante), nas localidades da região na qual a empresa atua, com depoimentos e fotos que mostraram o orgulho no peito, o brilho no olhar e a energia das mãos dos profissionais ferroviários.

A partir do que coloquei neste capítulo e do que relatei sobre as estratégias de marketing utilizadas por essa empresa para mudar e/ou reforçar a percepção das pessoas em relação aos seus benefícios e incentivos, o que resultou no reconhecimento desejado, convido os leitores a defenderem a ideia de que:

# Endomarketing é marketing. E ponto final.

# 4 Um novo olhar sobre o público interno

A **Primeira Revolução Industrial** ocorreu na Europa entre os séculos XV e meados do século XVIII, quando foi descoberta a tecnologia da máquina a vapor. Foi no final dessa época que surgiram os primeiros sinais de preocupação das empresas com a comunicação interna, embora a nossa percepção seja de que faz muito menos tempo. Em função das grandes jornadas e condições precárias de trabalho, os sindicatos e os empregados começaram a utilizar panfletos como forma de protesto, o que fez as empresas da época começarem a pensar no que fazer para contrapor essa prática.

A Segunda Revolução Industrial aconteceu na segunda metade do século XIX e terminou durante a Segunda Guerra Mundial. Foi um momento de desenvolvimento das indústrias química, elétrica, de petróleo e do aço. Foi nesse momento que as empresas brasileiras começaram a se abrir para estabelecer um diálogo maior com os seus empregados.

A Terceira Revolução Industrial chegou na metade do século XX com a robótica e foi uma etapa de evolução da tecnologia com a conexão entre o conhecimento científico e a produção industrial. Foi na década de 1990 que aconteceu o processo de evolução do relacionamento humano por meio da tecnologia, com o advento do "www", mesmo havendo o registro de que a internet foi criada bem antes, em 1969, quando um professor da Universidade da Califórnia enviou o primeiro e-mail da história. De 1990 para cá, depois que a internet realmente passou a ser usada, houve uma evolução na prática do endomarketing, embora tenha sido somente dez anos depois que essa disciplina começou a se tornar menos "caseira" e mais profissional.

A Quarta Revolução Industrial, ou a Indústria 4.0 (como está sendo chamada), é uma derivação da terceira. Essa revolução, pelo nível de automação – troca de dados e sistemas ciberfísicos –, está juntando os sistemas digital, físico e biológico e transformando totalmente a forma como trabalhamos e nos relacionamos. É nesse momento que acontece o paradoxo da tecnologia, que nos aproxima dos distantes e nos afasta dos mais próximos. E dentro disso tudo, surge o marketing colaborativo.

Com o uso crescente das redes sociais e com a tecnologia permitindo que as pessoas, mesmo estando distantes, se unam em torno de um mesmo assunto, todos passaram a se comunicar e a agir de forma mais colaborativa. No caso do marketing, produtos e serviços passaram a ser inventados e reinventados por meio da colaboração entre empresas, consumidores, fornecedores e outros públicos com os quais a empresa se relaciona, o que inclui também os empregados. Nessa prática, todos são atores e estão interligados em redes de inovação.

No ambiente de trabalho, a colaboração se tornou vital para as organizações que desejam obter o melhor da sua equipe, especialmente no que se refere à inovação e à produtividade. Hoje, o que vemos são:

- empregados influenciando colegas e a própria empresa;
- empregados interagindo em grupos de interesse;
- o líder assumindo cada vez mais o papel estratégico que possui no processo da informação sendo, inclusive, um gerenciador de conteúdo.

A expectativa do público interno por um ambiente mais colaborativo é cada vez maior. Atualmente, as empresas que não proporcionam esse ambiente são percebidas como antigas e ultrapassadas. A referência Google, com seu ambiente totalmente moderno e propício para a colaboração, despertou e incentivou essa expectativa nas pessoas. Elas querem trabalhar em espaços amplos, coloridos, modernos, convidativos, organizados e, se possível, com luz natural. Querem fazer reuniões sentados em sofás, almofadas gigantes ou pufes. Querem escrever nas paredes. Querem poder realizar uma alimentação saudável em ambientes propícios para isso e praticar exercícios, sem precisar sair da empresa. Querem ter espaços para descanso e descompressão. Querem ser ouvidos. Querem liberdade para colocar suas ideias e propor revoluções. Querem ser protagonistas das mudanças. Querem ser reconhecidas pelos resultados que geram.

Se antes as empresa precisavam incentivar as pessoas a participarem dos seus programas, projetos e processos, hoje têm que buscar formas de administrar essa participação a fim de que a inovação aconteça em favor do negócio e não apenas para satisfazer as pessoas. Com isso, a comunicação com o público interno se tornou decisiva e, de certa forma, mais complexa e dispendiosa.

Entretanto, um ambiente mais aberto, democrático, moderno e colaborativo depende da gestão e da cultura da empresa, além de recursos para a criação de espaços físicos que incentivem e permitam o bem-estar e a interatividade. Mas esses recursos também podem vir dos próprios empregados.

Para transformar o Terminal Marítimo de Ponta da Madeira, no norte do Maranhão, no maior escoador de Minério de Ferro do Brasil até 2018, a empresa Vale precisava aumentar o nível de produtividade dos 2 mil empregados dessa unidade. No ano de 2015, a empresa fez reuniões com essas pessoas em busca de ideias para transformar os 600 mil metros de área na qual estavam num bom lugar para trabalhar. Além de melhorar a estrutura, um dos objetivos era aproximar as lideranças dos empregados de base. Para que a transformação tivesse um significado maior, a direção da empresa deixou a reforma por conta das pessoas e gastou 60% menos do que se tivesse contratado especialistas. O escritório tornou-se uma espécie de coworking no qual ninguém, nem mesmo os líderes, têm mesa fixa. Existe ainda uma biblioteca e sofás para a descontração do pessoal. Na parte externa, foram criados quatro diferentes ambientes de convivência. O resultado foi percebido na pesquisa global de clima organizacional, na qual 80% das respostas da unidade registraram um engajamento bem maior ao do período anterior.

Mas, apesar das pessoas estarem cada vez mais abertas a trabalhos e ambientes colaborativos, ainda existe um longo caminho a ser percorrido pelas empresas nesse sentido.

Sob o ponto de vista do endomarketing, o importante é a consciência de que a gestão, a atividade e o ambiente colaborativo são uma expectativa das pessoas, especialmente dos *millennials*, e que o processo da informação pode ser altamente beneficiado por isso. Afinal, mesmo que a empresa ainda não tenha despertado para essa questão, as pessoas estão agindo cada vez mais dessa forma, compartilhando ideias, referências e informações.

Para complicar um pouco mais esse contexto, existe o seguinte paradoxo: apesar de estarmos vivendo a Quarta Revolução Industrial e, com ela, um momento altamente colaborativo, no qual as iniciativas partem e acontecem no âmbito coletivo, as pessoas continuam querendo ser tratadas como indivíduo.

A palavra indivíduo é uma tradução latina do grego *atomon*, do historiador Demócrito, "o que não pode ser dividido". Já o pensador romano Boécio definia indivíduo como "o que não pode ser subdividido de modo nenhum, como a unidade ou o espírito; o que, por sua solidez, não pode ser dividido como o aço; o que, tendo como predicação própria, não se identifica com outras semelhanças". Quando alguém nos pede: "respeite a minha individualidade", parece querer dizer: "repare, sou diferente de você e quero ser visto como tal". Ser um indivíduo é, portanto, ser igual a si mesmo, diferente do outro.

O marketing direto surgiu no momento em que se tornou importante atingir o indivíduo, quando cada um passou a ser o seu próprio padrão, uma vez que não existe um único, mas muitos padrões. Isso evoluiu e hoje existem empresas incentivando seus empregados a serem eles próprios. Aceitar as pessoas como elas realmente são é uma grande tendência do mundo corporativo que vem embalada no conceito de diversidade.

A empresa Vivo, que emprega 33,5 mil pessoas, levou uma campanha publicitária antes destinada aos seus clientes, que mostrava mulheres lutando kung fu e pais brincando de maquiagem com as suas filhas, para o ambiente interno, lançando a campanha de endomarketing "Vem de você". A empresa queria deixar claro que cada empregado pode vir trabalhar como é e como se sente bem. Em vez de segmentar clientes e empregados por meio de de dados tradicionais como faixa etária, sexo e endereço, essa é uma empresa que estuda os perfis de acordo com crenças, atitudes e maneiras de viver.

No endomarketing, quando a empresa usa instrumentos individuais, entregues a cada um, ou consegue colocar características das pessoas nesses instrumentos, provoca o sentimento de "sou importante para essa empresa" ou "essa empresa me vê como pessoa", especialmente quando o material vem assinado pela alta liderança.

O surgimento das redes sociais fez com que "o indivíduo se tornasse a sua própria mídia, passando a ser percebido como um porta voz de suas habilidades, temperamento, crenças, opiniões, valores e propósitos", conforme coloca o escritor Reinaldo Passadori em seu livro *"Quem não comunica não lidera"*. Mais uma vez, percebe-se a importância da empresa tratar a pessoa como indivíduo, sempre que possível.

A impressão que temos é a de que as pessoas estão falando em público o tempo todo e, muitas vezes, o conteúdo é sobre a empresa na qual trabalham. Todos nos tornamos atores que nunca saem do palco e que estão sendo permanentemente observados. Assim, ao trabalhar numa determinada organização, o indivíduo acaba sendo também o seu porta-voz, mesmo que não oficialmente, pois a representa nas muitas mídias em que aparece e com as quais interage.

O que uma empresa pode fazer em relação a isso? Ignorar, ou se adaptar e aproveitar esse novo contexto em seu favor? Primeiro, a empresa precisa orientar seus empregados para que saibam como falar sobre ela nas redes sociais, de forma que não venha em prejuízo da sua reputação. Mais do que isso, a empresa deve realizar um *Social Media Training* para que os seus executivos possam contribuir positivamente com a imagem da empresa por meio das mídias sociais.

## Se o empregado está nas redes sociais, a empresa também tem que estar.

Hoje, as empresas não têm saída. Mais do que monitorar a sua marca nas redes sociais, elas precisam estar nas redes sociais com foco também no seu empregado, ou seja, no sentimento de orgulho que pode ser provocado por meio desse canal. Isso significa promover não apenas ações para o mercado, mas também interações que demonstrem o quanto reconhecem o seu público interno. Afinal, as pessoas adoram se ver como protagonistas do sucesso de uma marca. Associado a isso, se faz necessário, também, monitorar os comportamentos gerados pela empresa e assumidos pelos próprios empregados. Primeiro, porque uma empresa não tem como controlar aquilo que o empregado divulga, nem suas opiniões. Segundo, porque por mais que as empresas tenham seus códigos de conduta e programas de segurança da informação, nada mais pode ser considerado totalmente interno. Com as redes sociais e as muitas tecnologias disponíveis, tudo o que existe dentro de uma empresa pode se tornar externo a qualquer momento. E quanto mais jovem e imaturo for o público interno, maiores serão os riscos.

O Instituto IPSOS, terceira maior empresa de pesquisa e de inteligência de mercado do mundo, publicou que 71% dos jovens da Geração Z, público que está chegando nas empresas, passa mais de três horas por dia vendo vídeos em seus telefones celulares, enquanto que 52% usa mais de três horas por dia para navegar e postar nas redes sociais e 51% passam de 8 a 12 horas por dia envolvidos com o WhatsApp e o Snapchat. São dados preocupantes. Acredito que poucas são as empresas que se sentem totalmente preparadas para se comunicar com esse público.

Todos estamos tendo que aprender a lidar com isso. Afinal, estamos inseridos num mundo que, em pouco tempo, passou a se movimentar de forma completamente diferente. Querendo ou não, hoje, convivemos com:

• novos comportamentos;

- as mudanças nos padrões de influência e o aumento do poder do cidadão e do consumidor;
- a velocidade da comunicação moderna, em escala global;
- o aumento surpreendente dos canais de comunicação, especialmente os digitais;
- a expectativa das pessoas por respostas cada vez mais rápidas;
- novas comunidades de interesse e em rápida mutação, capacitadas pelas tecnologias digitais;
- um novo sentido de delegação de poder;
- a busca agressiva pela informação por parte de jornalistas, até porque agora quem manda é a qualidade do conteúdo;
- o declínio nos níveis de confiança em relação aos órgãos governamentais;
- as dificuldades crescentes no mundo dos negócios por conta de uma crise econômica e financeira sem muitas perspectivas de acabar.

Além disso, estamos diante de tecnologias emergentes com as quais precisamos nos acostumar. Algumas delas são:

- a biópsia líquida, um único exame de sangue para identificar o câncer;
- a água a partir do ar, um processo cada vez mais barato;
- a inteligência artificial, evoluindo a passos largos;
- a fotossíntese artificial, como uma nova forma de energia;
- o atlas celular humano, um mapa de todas as células do corpo humano;
- a agricultura de precisão: sensores, dados e robôs para produzir mais, num espaço menor;
- os carros sustentáveis. Neste momento, os elétricos. Logo em seguida, os com células de hidrogênio;

- as vacinas genéticas, um grande avanço da medicina;
- as comunidades sustentáveis por meio de uma revolução no uso da água, do lixo e da energia;
- a computação quântica, que significa computadores muito mais rápidos.

Mas não estamos apenas vivendo um novo mundo. Estamos diante, principalmente, de

## *um novo público interno*

que não se mostra mais passivo como antigamente. Ao contrário, é totalmente ativo e bem mais crítico, especialmente no que se refere à burocracia organizacional e às informações "tabu" – conteúdos que determinadas empresas têm muita dificuldade de abordar.

Eu costumava dizer, nas minhas palestras, que o "mouse a mouse" era muito mais ágil do que qualquer processo de comunicação. Hoje, digo que o "dedo a dedo" é muito mais rápido do que qualquer processo de comunicação (os *millennials* digitam no celular com os dois polegares, enquanto que a Geração X digita com os dedos indicadores). A verdade é que a tecnologia influencia tanto a comunicação informal quanto o processo formal, que é da responsabilidade da empresa. O fato do empregado estar permanentemente conectado e, consequentemente, muito bem informado, aumenta o seu nível de exigência em relação à informação que recebe, ou que gostaria de receber da empresa. Consequentemente, isso aumenta a necessidade da empresa compartilhar a informação certa, por meio do canal certo, na hora certa.

Vejamos o que aconteceu com a informação nos últimos anos: há 500 anos, somente o clero tinha acesso à informação; há 300 anos, também os nobres; há 100 anos, também os ricos; há 30 anos, também os que moram nas grandes cidades e, desse período para cá, qualquer pessoa, em qualquer lugar do mundo.

No passado, a comunicação das empresas com o seus empregados podia ser comparada com um jogo de boliche: a empresa atirava a bola e, depois, olhava para ver quem havia conseguido atingir. Hoje, tem que ser como um fliperama: totalmente ativa, rápida, flexível e interativa.

Vivemos um momento muito interessante, no qual as empresas são formadas por um público interno que inclui as três gerações: a X, que ainda não foi embora das empresas; a Y, que já começa a assumir cargos de liderança; e a Z, que está chegando com todo o seu despreparo e a crença de que "tudo já nasceu pronto e funcionando".

Especialmente no ambiente industrial, percebe-se uma dificuldade enorme por parte da Geração X, no que se refere à convivência com as Gerações Y e Z, por acreditarem que os representantes dessas duas últimas não são capazes de se comprometer totalmente com a empresa e seus objetivos. Isso é algo que tenho ouvido muito nos grupos focais que realizo em processos de diagnóstico.

Outra dificuldade é o fato da Geração X, pela experiência que possui, deter mais conhecimento sobre a atividade do que a Geração Y que, em alguns casos, já está ocupando cargos de liderança. Trabalhei para uma empresa na qual os representantes da Geração X são chamados de "dinossauros" pelos *millennials*, dividindo o público interno em dois grandes grupos: nós e os "dinossauros".

O sociólogo americano Kathleen Shaputis descreveu os *millennials* como "Geração Boomerang" ou "Geração Peter Pan", por perceber neles uma demora maior em alguns ritos de passagem para a idade adulta do que as gerações anteriores.

Atualmente, nas empresas, toda a discussão sobre o desenvolvimento da liderança parece estar mais focada na Geração Y, pois muitos dos líderes pertencentes à Geração X, são vistos como profissionais prestes a se aposentar.

Entretanto, estudos mostram que em 2030 teremos mais velhos do que jovens no nosso país, o que faz com que as empresas consideradas mais visionárias já estejam se preparando para o que está sendo chamado de "cenário grisalho". Dentro desse espírito, já se percebe um crescimento no número de empresas que está recrutando representantes da "melhor idade".

Projetos para aumentar o índice de empregabilidade dos mais velhos estão começando a ser realizados por órgãos governamentais e ONGS, pois estudos mostram que o PIB do Brasil poderia ser aumentado em 18,2 bilhões de reais por ano se houvesse mais idosos trabalhando.

As empresas que desconsideram os representantes da Geração X nos seus planos para o futuro certamente precisarão repensar essa questão.

Talvez o foco no desenvolvimento do líder da Geração Y seja porque muitos deles, apesar de altamente conectados e, consequentemente, bem informados, ainda demonstram um alto grau de imaturidade na relação direta com suas equipes.

A empresa Litmus, especializada na comunicação corporativa por e-mail, afirma que 53%, ou seja, mais da metade dos e-mails informativos das empresas são abertos em dispositivos móveis. Somente esse dado já é suficiente para evidenciar o comportamento e o grau de conexão da nova geração. Isso nos faz acreditar que, se a empresa também tiver uma boa página nas redes sociais, bem administrada em nível de conteúdo e com posts criativos, os seus empregados terão interesse em segui-la. O mesmo podemos dizer com relação à intranets e redes sociais internas.

Ao se tornarem seguidores da empresa nas redes sociais, os empregados poderão, inclusive, representar um aumento nas suas vendas, pois conforme o que foi defendido no capítulo anterior,

## *o endomarketing também existe para que o público interno seja o primeiro a consumir o produto da empresa.*

A maioria das empresas não solicita aos seus empregados que deixem o telefone celular num determinado lugar, antes de irem para as áreas de trabalho, pois se o fizessem, seriam consideradas desatualizadas e, provavelmente, desumanas. Assim, as pessoas trabalham acompanhadas dos seus smartphones (alguns deles fornecidos pela própria empresa) e acessam clientes, colegas, e-mails, internet etc. durante o horário de trabalho, sem que haja um controle disso. Os avisos de mensagens disponíveis no telefone celular, do WhatsApp ao Instagram, interrompem o trabalho das pessoas a todo momento e após uma interrupção, o ser humano demora mais de 25 minutos para recuperar totalmente a atenção.

A professora da University of California de Irvine, Gloria Mark, é uma estudiosa dos efeitos de distrações e interrupções no ambiente de trabalho. Suas pesquisas começaram a chamar a atenção em 2006, mesmo antes da popularização dos smartphones, graças a uma descoberta surpreendente: a jornada de trabalho tem mais a ver com minutos do que com horas. Segundo ela, enquanto pensamos em nossa rotina como dias ou horas trabalhadas, deveríamos pensar em minutos, pois são os minutos seguidos trabalhados que realmente impactam na produtividade. Ela acredita que as muitas interrupções a que nos submetemos têm a ver com a teoria da gratificação instantânea, pois o ser humano tem uma dificuldade natural para adiar aquilo que lhe traz prazer.

No livro *"Conectados mas muito distraídos"*, o consultor Sidnei Oliveira argumenta que "é possível prestar atenção em muitas coisas ao mesmo tempo, porém o preço a se pagar é a superficialidade, ou seja, a quantidade de tarefas simultâneas, certamente gerará consequências".

Ocorre que não existe uma quantidade determinada de atividades que podemos fazer simultaneamente, pois depende do tipo de atenção que cada uma exige. Um exemplo disso é conversar com alguém enquanto se anda de bicicleta. São atividades perfeitamente compatíveis, pois funcionam com áreas diferentes do cérebro. Mas, quando as atividades exigem os mesmos recursos do cérebro, as consequências podem representar prejuízos irreversíveis, como é o caso de uma pessoa que sofre um acidente por estar enviando e recebendo mensagens no celular enquanto dirige. Nas empresas, isso pode se traduzir em acidentes de trabalho, além dos prejuízos em nível de qualidade e de produtividade.

Apesar de demonstrarem um alto nível de distração, os *millennials* são um público que sempre quer saber mais e para o qual a quantidade de informação que recebe nunca é suficiente. Além disso, são pessoas que acreditam que a empresa está sempre escondendo alguma informação. A desconfiança é um sentimento que caracteriza o público interno de muitas organizações neste momento.

Os *millennials* são, também, um público que não aceita grandes narrativas. O conteúdo tem que ser descrito de forma curta, com poucos parágrafos, ou repassado pelos líderes por meio de pequenos pronunciamentos e de reuniões rápidas, caso contrário as pessoas não prestarão atenção. Vivemos a era dos 150 caracteres há algum tempo. Portanto, a linguagem rápida tem que estar presente na comunicação interna, sob pena de não conseguir a sua atenção.

Outra característica dos *millennials* é somente serem impactados por campanhas de endomarketing cuja abordagem lhes pareça interessante, com bons argumentos e profundidade de conteúdo. Mensagens superficiais ou infantilizadas por meio de personagens, por exemplo, não despertam a sua atenção e, consequentemente, não promovem o seu engajamento.

Além desses aspectos, ao planejar campanhas de endomarketing é preciso atentar para o impacto que pode ser gerado para a marca, caso sejam repercutidas nas redes sociais pelos empregados.

O novo público interno também é formado por pessoas que anseiam por reconhecimento. Hoje, as pessoas trabalham seis meses numa empresa e não entendem porque ainda não foram promovidas. A pressa dos *millennials* tem gerado o seu descontentamento em relação às empresas num curto espaço de tempo.

As empresas, por sua vez, nem sempre conseguem acompanhar a velocidade e a precocidade das expectativas desse público. A que a crença de que, para ser um especialista em qualquer atividade, são necessárias 10 mil horas trabalhadas ou 10 anos de experiência, é algo que incomoda muito essa nova geração.

Para complementar, é um público interno que prefere o lúdico ao concreto e ao funcional, o que significa:

- dificuldade de se preocupar com assuntos mais "duros" como desafios, metas, resultados;

- grande interesse por assuntos como sonhos, viagens, música, hobbies etc.; e

- uso do tempo em que deveriam estar trabalhando para combinar encontros com os amigos e festas.

Sob o ponto de vista da comunicação, essa é uma revolução não apenas digital, mas humana. Existe um

## *novo comportamento corporativo*

com o qual temos que conviver, adotando as tecnologias e os recursos necessários para isso.

Hoje, estão à disposição do endomarketing tecnologias como:

- ferramentas para criação, disparo e gestão de canais internos como e-mail, mural digital com aplicação mobile e desktop, com a possibilidade de monitoramento e mensuração de resultados;

- ferramentas para que sejam feitas versões interativas de revistas, contendo galerias de imagens e vídeos, além de versão para visualização mobile;

- ferramentas para disparo de comunicados e conteúdos diversos via sistema de notificação em desktop e mobile;

- ferramentas de comunicação para disparo de conteúdo por meio do aplicativo WattsApp, não sendo necessária a instalação de outros aplicativos;

- plataformas de gestão para envio de mídia e conteúdo para mural digital;

- metodologias de *gamification* para treinar, capacitar e incentivar equipes comerciais, de atendimento e empregados de áreas diversas, no formato de perguntas e respostas;

- plataformas que integram todos os canais de comunicação com o público interno, a fim de que os profissionais possam ter mais tempo para pensar na estratégia;

- plataformas especializadas em programas de incentivo, relacionamento e premiação por meio de pontos no estilo Multiplus. Os pontos podem ser trocados por produtos e serviços de diversos fornecedores em todo o país;

- redes sociais corporativas por meio de plataformas que podem ser customizadas de acordo com as necessidades de cada empresa, e

- uma série de outros recursos.

Esses são apenas alguns exemplos do que existe no mercado e que está sendo disponibilizado em nível de tecnologia para endomarketing. Além disso, existem tecnologias usadas na comunicação externa que podem ser versadas para o público interno com facilidade, basta que a empresa encontre fornecedores dispostos a desenvolvê-las.

Obviamente, o ideal é que a empresa mapeie o seu público interno para saber qual o percentual de pessoas pertencentes às Gerações X, Y e Z e, assim, adequar os esforços de comunicação a cada uma delas. É relevante, também, pesquisar características pessoais como hábitos, comportamentos e preferências de cada segmento, o que permite uma customização ainda maior dos movimentos de endomarketing. Isso pode ser feito não só por um processo de *CRM – Customer Relationship Management* interno, mas também por meio de uma boa rede social interna ou portal no qual as pessoas coloquem dados do seu perfil.

Apesar de igualmente importantes, a segmentação e a customização do conteúdo devem valer mais para a linguagem do que para o meio pelo qual ela será disponibilizada. Hoje, tanto a Geração X quanto a formada pelos *millennials* estão conectadas e têm condições de acessar qualquer tipo de tecnologia e de entender qualquer mensagem. Quando coloco que é preciso deixar de lado as grandes narrativas do endomarketing do passado, não estou me referindo a uma condição para atingir apenas os *millennials*, pois certamente os representantes da Geração X já estão acostumados e dando preferência para mensagens curtas, rápidas, focadas e diretas da mesma forma.

A verdade é que, embora tenham comportamentos distintos, as três gerações estão sendo alvo do mesmo nível de informação no seu dia a dia, além de conviverem com os mesmos meios. Em lojas Apple Store nos EUA, por exemplo, existem vendedores da Geração X, vendendo tecnologia com a mesma capacidade de argumentação que jovens da Geração Z. Caso a Geração X apresente dificuldades para acessar a mensagem, o máximo que pode acontecer é a empresa ter que orientá-la. Mas pode se dizer que todos, hoje, possuem condições para isso.

Da mesma forma, as três gerações estão nas redes sociais e esse é um processo em evolução, ou seja, um caminho sem volta: quem ainda não está, certamente estará. É por isso que as empresas precisam "estar na mesma vibe" e saber

## *usar as redes sociais nos movimentos de endomarketing.*

Isso significa utilizá-las em seu favor, incentivando as pessoas a seguirem a sua página nas redes sociais e postarem imagens positivas, principalmente aquelas que mostram o produto, ou o serviço da empresa. Para isso, podem ser criadas interações que resultem na exposição por parte dos empregados, páginas específicas para o seu processo de atração de talentos e muitas outras estratégias.

Algumas empresas já possuem, por exemplo, uma página da sua Proposta de Valor ao Colaborador no Facebook e no Instagram, além de usarem o LinkedIn de forma bastante estratégica. Outras, lançam seus produtos primeiro para o público interno, incentivando-os a consumi-los e a testá-los por meio de interações que incluem as redes sociais.

Há pouco tempo, assisti a uma empresa do setor de alimentos lançar um dos seus produtos e criar uma ação por meio da qual todos os empregados que curtissem o post feito pela empresa no Facebook e no Instagram ganhavam uma sacola com o produto para compartilharem com as suas famílias. Com essa estratégia, a empresa:

- incentivou as pessoas a entrarem nas suas páginas nas redes sociais;
- fez com que os seus empregados fossem os primeiros a degustar o novo produto;
- atingiu as famílias dos empregados que também conheceram o produto em primeira mão;
- despertou o interesse nas pessoas de se tornarem seguidoras da empresa nas redes sociais pela expectativa de novas ações como essa.

Conheço empresas, também, que em todas as suas campanhas internas, instalam um painel com o conceito principal ou com algum tipo de interação, para que os empregados possam se fotografar e postar nas redes sociais. Esse é o verdadeiro endomarketing: quando uma empresa faz algo tão bom internamente que,

## *ao ser divulgado externamente pelo público interno, gera ganhos para a sua imagem.*

As empresas precisam lembrar, sempre, que tudo pode ser publicado nas redes sociais (aquilo que ela incentiva e aquilo que ela não incentiva), o que determina a necessidade de cuidar de cada detalhe nos movimentos que promove internamente. Em outras palavras, hoje "tudo pode vazar". Mesmo e-mails internos podem se tornar notícia, especialmente quando empregados descontentes os publicam propositalmente, ou os apresentam como prova em causas trabalhistas.

Esse é um dos motivos pelos quais grandes líderes empresariais se sentem operando muito próximos do precipício diante das redes sociais. Exemplos simples como o que coloquei no parágrafo anterior podem acabar com a reputação de uma empresa ou de um líder num curto espaço de tempo. Num mundo onde as notícias circulam muito rápido e podem se mover pelos continentes em milésimos de segundos, o que quer que façamos ou onde quer que estejamos pode se tornar público, pois existe uma chance enorme de estarmos sendo filmados, sem nos darmos conta, pelas muitas câmeras espalhadas ao nosso redor, entre elas as dos telefones celulares.

## Uma pequena ação ou uma simples palavra pode gerar um resultado maior do que podemos imaginar.

Dentro desse espírito, a expressão "ultrapassa os muros da empresa" foi trocada por "ultrapassa as redes sociais".

Mas o oposto também é verdade. Quando uma empresa consegue gerenciar bem esse ambiente, terá mais meios para passar adiante a sua mensagem e fortalecer a sua marca. E todos sabemos que uma marca forte é uma das vantagens competitivas mais significativas que uma empresa pode ter. Em alguns países, por exemplo, já existem empresas que colocam um chip no crachá dos seus empregados, o que permite a elas uma série de informações sobre a forma como se movimentam e interagem. É a tecnologia à serviço do Endomarketing.

## *Comunicação interna ou comunicação com o público interno*

Todas essas mudanças determinam que a comunicação, como interna, ou seja, aquela que acontece apenas dentro das áreas operacionais e administrativas da empresa, não exista mais. O que existe, agora, é a comunicação "com" o público interno. Ao extrapolar a área geográfica da empresa, a comunicação acaba gerando efeitos internos e externos e essa interação pode acontecer não apenas por vontade dos empregados, mas por uma decisão e um objetivo corporativo.

Isso acontece não apenas em função da colaboração, mas porque vivemos um momento em que o empregado pode transformar um simples fato ou uma informação superficial em algo muito maior, agregando valor à marca. No momento em que, para celebrar uma data comemorativa, a empresa entrega um material inusitado e os seus empregados fotografam e colocam nas redes sociais, acontece uma mídia espontânea cujo alcance pode surpreender a todos.

No momento em que a atendente de uma empresa de fastfood sobe numa mesa e começa a dançar, cantando a música do último comercial da empresa e é filmada por um cliente que, por sua vez, posta numa rede social, gerando milhares de likes, acontece a participação ativa de um empregado na construção da imagem de marca da empresa. Entretanto, dependendo do comportamento desse empregado, também poderia estar contribuindo para a desconstrução. Isso nos mostra que a colaboração pode ser direta ou indireta, positiva ou negativa, assim como independe do fato ter sido criada pela empresa, ou pelo empregado.

Mas, apesar da tecnologia ter incentivado o processo de dentro para fora, isso não é uma novidade e sempre aconteceu. Se levarmos em consideração que o empregado é um formador de opinião por natureza, nos daremos conta de que essa realidade sempre existiu, pois ele fala da empresa nos encontros da sua família, na comunidade em que vive, na universidade em que estuda, no clube que frequenta e em tantos outros lugares, gerando imagem o tempo todo.

Da mesma forma, o empregado é o melhor representante de uma empresa em esforços de propaganda, de responsabilidade social, de preservação do meio ambiente e, principalmente, em momentos de crise, quando a empresa precisa da sua voz para defendê-la perante a sociedade. Estamos acostumados a ver grandes campanhas externas de propaganda protagonizadas por empregados, estratégia que garante um maior nível de credibilidade para a marca. Existem, também, grupos específicos e exclusivos das empresas em redes sociais como o Facebook e o Instagram.

No caso das redes sociais internas, algumas empresas conseguem, inclusive, que as pessoas concentrem-se em compartilhar conteúdos, referências e exemplos que contribuam para o negócio, deixando a vida social e outros assuntos para as redes abertas. Isso acontece especialmente em empresas que possuem um alto índice de engajamento e um público interno preocupado em se desenvolver profissionalmente.

Mas, será que a expressão "comunicação com o público interno" não limita essa disciplina, considerando que existem públicos que, apesar de não serem classificados como totalmente internos, podem ser contemplados por esforços de endomarketing como, por exemplo: profissionais terceirizados, acionistas, lojistas de shoppings, franqueados, representantes, fornecedores diretos e outros? A interação com esses públicos tem sido chamada pelas empresas de "comunicação com *stakeholders*", embora os empregados também estejam inseridos neste termo.

Quando se referem à comunicação com os seus empregados, as empresas ainda costumam usar a expressão "comunicação interna", quando deveriam adotar "comunicação com o público interno" ou "comunicação com empregados", já que o processo totalmente interno não existe mais.

É preciso lembrar, ainda, daquele segmento de público interno que trabalha no turno da noite e que, na maior parte das vezes, se sente "abandonado" pela empresa. São os instrumentos visuais, especialmente aqueles que ocupam as mídias internas como outdoors, painéis, adesivos em paredes, assim como canais como o mural digital e o jornal de parede, que atingem esses empregados, especialmente nas empresas do segmento industrial, de call center e outras. O motivo pelo qual esses profissionais se sentem "abandonados" pela empresa tem a ver com o fato de que tudo o que é promovido para atingir o público interno acontece de dia, além do pouco contato que possuem com os líderes.

Para que esse segmento de público interno se sinta igualmente importante, é preciso que a empresa promova ações de madrugada, além de manter uma escala para que lideranças e representantes da área de Recursos Humanos circulem pela empresa no segundo e/ou terceiro turnos, repassando informações, ouvindo as pessoas, respondendo perguntas e anotando contribuições.

Por ser impactado pela gestão e por fazer parte do funcionamento operacional da empresa, o profissional terceirizado também é considerado parte do que chamamos de público interno. Sob o ponto de vista da comunicação, as empresas ainda possuem muitas dúvidas sobre como tratar esse público, por diversas questões, principalmente trabalhistas. Mas, é certo que esses profissionais sempre acabam sendo atingidos pelos canais e instrumentos visuais utilizados pela empresa.

Entretanto, existem algumas estratégias bastante interessantes que podem ser usadas pelas empresas, enquanto a nova lei que regulamentará essa questão não entra em vigor.

A primeira delas é manter um relacionamento de proximidade com a diretoria da empresa terceira, convidando-a para os eventos internos da empresa contratante, pois assim poderão conhecer um pouco mais sobre o negócio, o que gera a oportunidade de orientar suas equipes na prestação de um serviço de qualidade.

A segunda estratégia é criar e disponibilizar um canal de Comunicação com o público interno, com conteúdos importantes para os profissionais terceirizados, entregando-o para a empresa terceira colocar a sua marca e repassar a eles. Com isso, os profissionais terceirizados estarão mais integrados aos objetivos e princípios da empresa contratante.

A terceira é criar uma campanha de endomarketing que trabalhe a expectativa da empresa contratante em relação aos profissionais terceirizados sobre um determinado assunto e também entregá-la à empresa terceirizada para que implemente. Exemplo: a empresa contratante realiza uma campanha sobre segurança no trabalho porque considera esse um valor importante. Paralelamente, cria uma outra campanha com o mesmo conteúdo, porém com um argumento criativo diferente e oferece à empresa terceira, a fim de que veicule junto ao seu público interno.

A última e mais completa é a empresa contratante oferecer um menu de campanhas de endomarketing para a empresa terceira, composto de campanhas que trabalhem as suas expectativas em relação ao trabalho e ao comportamento dos profissionais terceirizados. A empresa terceira escolherá as campanhas que deseja implementar e a empresa contratante entregará a ela um kit com as peças finalizadas (com a marca da empresa terceira) para serem produzidas e veiculadas.

Tudo isso é necessário porque, atualmente, a empresa contratante não pode se comunicar diretamente com os profissionais terceirizados, sob pena de configurar uma relação de trabalho. Entregar conteúdos para que a empresa terceira veicule ou envie diretamente para os profissionais que executam serviços na empresa contratante é uma solução para essa questão. Quando a legislação que regulamenta essa questão mudar – o que parece estar próximo –, certamente o número de profissionais terceirizados nas empresas aumentará e outras estratégias precisarão ser pensadas.

Uma parte extremamente importante, também considerada público interno, é a família, um elemento totalmente influenciador do comportamento do empregado. Por isso, sempre que possível, deve ser incluída nos esforços de comunicação.

Além das ações básicas de visitação dos familiares que as empresas já vêm realizando há muitos anos, é estratégico olhar para esse público como um meio de fazer chegar informações sobre a empresa e seus produtos/serviços a muitas outras pessoas nas comunidades em que os empregados vivem. Além disso, se bem informada, a família pode ser um importante "agente de retenção", influenciando as pessoas para que permaneçam na empresa em função dos benefícios e incentivos que lhes são proporcionados.

O empregado está no topo da lista dos *stakeholders* da empresa. Interagir de forma socialmente responsável com ele, levando em consideração suas características e comportamentos, significa propor um nível de aproximação que favorece ambas as partes. Além disso, o respeito à cultura local e a manutenção de um relacionamento ético e responsável com as minorias e com as instituições que representam seus interesses é decisivo para a construção e consolidação da imagem tanto interna, quanto externa.

Ser íntegra e verdadeira com o público interno, independente do momento ou situação que está vivendo, é um dos grandes desafios das empresas, pois apesar de toda a tecnologia que existe em favor das empresas, o ser humano é e continuará sendo o elemento principal de todo e qualquer processo corporativo.

# 5 O endomarketing estratégico

**É essencial** que o endomarketing aconteça com base em duas premissas. Primeira: o alinhamento total à estratégia da empresa; Segunda: a coerência com o momento que a empresa está vivendo.

Além disso, para ser estratégico, o endomarketing precisa levar em consideração a transparência como a essência de todo o processo, o alto nível de expectativa do público interno – que exige uma qualidade cada vez maior – e, principalmente, o fato das pessoas estarem altamente conectadas, interagindo nas redes sociais e tendo acesso a todo o tipo de informação.

Outro diferencial do endomarketing estratégico é não focar apenas no objetivo da motivação, nem assumi-la como de sua total responsabilidade.

## *Motivação X Engajamento.*

A motivação pode ser definida como "movimento para a ação". É o sentimento (estado de espírito), que gera o movimento feito por uma pessoa no sentido de empreender ou fazer algo. Entretanto, a motivação tem que ser vista como um movimento interior, ou seja, como "uma porta que se abre por dentro", pois existem dois fatores distintos que a compõem:

**FORÇA INTERIOR –** Representa, pelo menos, 50% da motivação. Estou me referindo à capacidade de automotivação que cada ser humano possui e que depende de uma série de aspectos, entre eles os genéticos e ambientais. As pessoas possuem uma capacidade maior ou menor de automotivação e isso influencia fortemente na sua relação com o trabalho.

**FATORES EXTERNOS –** São os outros 50% da motivação e podem ser definidos como tudo aquilo que uma empresa faz pelos seus empregados: incentivos, benefícios, oportunidades de desenvolvimento e de crescimento, reconhecimento, ambiente saudável, boa liderança e outros.

Ao entendermos a complementaridade entre força interior e fatores externos, chegamos à conclusão de que nenhuma empresa pode se responsabilizar por 100% da motivação de uma pessoa, pois, pelo menos 50% dependem do elemento humano, ou seja, da sua capacidade de automotivação. Uma empresa pode assumir apenas os outros 50%.

O psicólogo americano Abraham Maslow foi mais longe, dizendo que "ninguém motiva ninguém". A sua crença era de que

> *quem se motiva é a pessoa,*
> *a partir do que ela pretende atingir.*

Mas, será que hoje as empresas estão preocupadas em apenas motivar seus empregados? Num mercado cada vez mais instável e competitivo, certamente não.

Hoje, o objetivo das empresas é muito maior do que simplesmente motivar as pessoas que nela trabalham. As empresas querem muito mais que motivação. Elas querem engajamento. Mas engajamento a quê? Engajamento aos seus objetivos, estratégias e resultados. Em outras palavras, é fazer com que os empregados se engajem aos programas, projetos e processos desenvolvidos para que objetivos estratégicos sejam atingidos.

Mas, assim como não é fácil lidar com as pessoas, também não é fácil engajá-las, até porque o engajamento é muito mais que motivação. O engajamento é a medida que reflete a contribuição e o comprometimento de um profissional para com a empresa, por meio do seu talento, competência, trabalho, entusiasmo e envolvimento. Afinal, de nada adianta ter talento e competência, estar entusiasmado e disposto a se envolver, se não houver a contribuição efetiva e o comprometimento com um determinado desafio, programa, projeto ou processo. Estou falando em engajamento de empregados e o mundo corporativo é um ambiente focado em resultado, portanto, tem que haver contribuição e comprometimento.

Segundo o dicionário Aurélio, o verbo *engajar* tem origem na palavra francesa *engager*, sendo um dos seus significados "empenhar-se em dada atividade ou empreendimento". Essa definição, apesar de curta, nos faz ver a diferença entre motivação e engajamento: motivação é o sentimento que leva uma pessoa a fazer algo, enquanto que o engajamento pressupõe já estar fazendo, porém com empenho, ou seja, com o comprometimento capaz de gerar uma contribuição concreta para a empresa. Engajamento é também uma palavra que pressupõe empregados seduzidos pelo negócio, alinhados com os seus valores e empenhados em contribuir para o seu sucesso.

Uma das últimas pesquisas da Gallup revelou que 87% dos trabalhadores do mundo não estão engajados ou estão ativamente desengajados. Ou seja, somente 13% dos trabalhadores estão engajados no seu trabalho. No Brasil este número é um pouco melhor, mas ainda preocupante. A pesquisa mostrou que o percentual de não engajados no nosso país é de 73%.

Especialistas argumentam que o desengajamento ativo é um dreno imenso na economia de qualquer país. Anualmente, custa para o Brasil de R$ 100 a R$ 120 bilhões. Mas o engajamento, quando conquistado e presente, impacta positivamente no desempenho/resultados das organizações. Abaixo, dados obtidos na pesquisa da Gallup sobre esse impacto:

- Aumento de 22% na produtividade; 21% na lucratividade e 10% na retenção de clientes.

- Diminuição de 37% no absenteísmo; 25% na rotatividade e 48% nos acidentes de trabalhos.

Uma estratégia de engajamento usada ao longo de anos para o aumento da produtividade é o Marketing de Incentivos. Mas tenho percebido que o investimento das empresas nesse tipo de campanha tem diminuído, talvez porque provoque uma motivação momentânea, já que pressupõe apelos materiais, ou seja, estímulos externos que duram pouco (objetos, viagens etc.). Ao mesmo tempo, percebo que algumas empresas consideram premiar o público interno, para que ele aumente a sua produtividade, uma técnica antiquada e grosseira, pois trata a pessoa como uma mercadoria que pode ser trocada por um presente.

O engajamento dos empregados é, portanto, o grande desafio da gestão de pessoas e do endomarketing em qualquer organização. Mas isso pressupõe trabalhar a informação de forma correta – o que tenho defendido, desde que comecei a trabalhar com endomarketing –, como o produto da comunicação com o público interno e como a principal estratégia de aproximação e de alinhamento empresa/empregado.

O problema é que muitas empresas ficam somente no desejo, sem conseguir comunicar seus conteúdos estratégicos. Entendo que, se o engajamento é essencialmente uma contribuição ou uma participação, as pessoas precisam saber com o que devem e podem contribuir. Da mesma forma, devem ser informadas sobre os programas dos quais devem e podem participar.

Na cultura japonesa existe a crença de que é impossível motivar alguém sem metas, com a qual concordo totalmente. Tenho repetido, nas minhas palestras, que ninguém luta por um objetivo que desconhece. De nada adianta uma empresa querer que os seus empregados se engajem num determinado desafio, se isso não ainda foi comunicado a eles. E embora o endomarketing tenha evoluído muito, ainda vejo empresas entregando aos seus empregados apenas informações de baixa e média relevância.

*A comunicação com o público interno, nas empresas, está intoxicada de informações superficiais.*

Estou me referindo à comunicação exclusiva de assuntos do dia a dia como o cardápio do restaurante, a data de vacinação, os aniversariantes do mês, a mudança de um pequeno detalhe num programa interno, uma data comemorativa, um evento da associação de empregados e tantos outros que se configuram em simples comunicados e/ou avisos. Entendo que são assuntos que necessitam ser comunicados, mas uma empresa não pode reduzir o seu endomarketing somente a isso. Convivendo apenas com informações superficiais, as pessoas perderão o interesse pelos canais e mídias internas e os líderes não assumirão o seu papel de canal de informação pelo simples fato de não terem nada de estratégico para comunicar. Obviamente, as informações citadas neste parágrafo são importantes e precisam ser comunicadas, mas não são estratégicas, nem capazes de promover o engajamento das pessoas de forma a permitir a sua contribuição e comprometimento.

A informação que engaja é decorrente de um conteúdo estratégico que se refere a negócio, cultura, pessoas, objetivos, estratégias, resultados e outras igualmente importantes. São as informações sobre índices de segurança, qualidade e produtividade, dados de mercado como vendas, lançamentos de produtos, novas linhas de produção, além de programas e processos de Recursos Humanos. Os empregados desejam receber informações relevantes e consistentes, que não sejam abordadas de forma superficial e que deixem claro o nível de contribuição que a empresa espera deles.

Para isso, o conteúdo estratégico pode ser dividido em grandes grupos. A divisão abaixo é apenas um exercício para exemplificar.

**NOSSA GENTE –** Informações sobre os programas, processos e iniciativas de Recursos Humanos. Informações sobre o elemento humano e a sua interação com a empresa nos momentos de atração, integração, engajamento, reconhecimento e retenção.

**NOSSO NEGÓCIO –** Informações sobre a operação da empresa e das suas unidades como desafios, metas, resultados, recordes. Acompanhamento dos índices de qualidade, produtividade, mercado, vendas, clientes etc.

**NOSSA GESTÃO –** Informações sobre as decisões tomadas pela empresa, incluindo mudanças e reestruturações. Informações sobre programas corporativos, projetos de melhoria, processos e procedimentos internos.

Dentro desses grandes grupos é que devem estar os conteúdos, estruturados numa matriz que seja adequada à realidade da empresa. Esses conteúdos devem ser publicados nos canais de comunicação interna que, por sua vez, estarão separados em dois grupos:

- aqueles que veicularão informações de baixa e média relevância;
- aqueles considerados formadores de opinião que, por veicularem assuntos mais estratégicos, serão os que mais contribuirão para o engajamento das pessoas.

Uma das minhas constatações mais frequentes, quando avalio o processo de endomarketing nas empresas, é o fato das informações pouco importantes, relacionadas com assuntos do dia a dia da empresa, serem comunicadas nos mesmos canais e espaços que as informações estratégicas. Desta forma, os conteúdos estratégicos perderão a sua relevância e não serão assimilados como deveriam. Por isso a importância da empresa ter uma matriz de conteúdo com a definição dos principais assuntos a serem comunicados, separando o que é estratégico e o que não é. Afinal, somente o conteúdo relevante é capaz de gerar a verdadeira conexão entre as duas partes: empresa e empregado.

Os conteúdos abaixo são exemplos do que pode ser encaixado nos grandes grupos de conteúdo citados acima (Negócio, Gente e Gestão), o que permitirá uma melhor organização da informação que deve ser veiculada em canais, ou espaços específicos para eles.

1. Cultura: Missão, Visão, Propósito, Crenças, Valores, Princípios etc.
2. Recursos Humanos e os seus pilares estratégicos que podem ser:
    - Recrutamento, seleção e integração;
    - Desenvolvimento, carreira e sucessão;
    - Remuneração, benefícios e incentivos;
    - Integração, celebração e reconhecimento;
    - Saúde e qualidade de vida;
    - Outros.
3. Estratégia de negócio ou Diretrizes estratégicas;
4. Mercado e Produto (ou serviço);
5. Presença na mídia;
6. Segurança;
7. Qualidade;
8. Produtividade;
9. Responsabilidade social;
10. Sustentabilidade;
11. Diversidade;
12. Reconhecimento;
13. Procedimentos, políticas e processos;
14. Inovação;
15. *Compliance*;
16. Atuação na comunidade;
17. Resultados;
18. Assuntos do dia a dia (comunicados rápidos, avisos etc.).

A informação, quando organizada dentro dos canais e não misturadas umas com as outras, resultam num nível maior de conhecimento e de assimilação por parte dos empregados. Como espaços específicos, devemos entender as colunas, editorias, sessões, janelas e outros recursos dos produtos editoriais.

Para cada um dos grupos de conteúdo elencados pela empresa, pode ser criado um conceito que o defina e que sirva de linha condutora para todos os esforços de comunicação. Para a construção desses conceitos, precisa ser levada em consideração a forma como a empresa deseja que o assunto seja percebido.

Abaixo, cinco exemplos de conceitos para conteúdos estratégicos:

**RECURSOS HUMANOS –** Para o seu desenvolvimento e bem-estar.

**QUALIDADE –** Compromisso com o consumidor.

**ESTRATÉGIA DE NEGÓCIO –** Estamos juntos.

**SUSTENTABILIDADE –** Nosso futuro passa por aqui.

**SEGURANÇA –** Sua vida em primeiro lugar.

Cultura e Recursos Humanos são conteúdos para os quais podem ser criados, também, assinaturas ou selos que os identificarão como especiais, motivo pelo qual devem se diferenciar dos demais. Para Cultura, porque é um conteúdo a ser trabalhado de forma permanente. Para Recursos Humanos, porque é o grupo de conteúdo que mais interessa ao empregado, uma vez que abrange, entre outros assuntos, remuneração, benefícios e incentivos.

O marketing de benefícios é uma estratégia a ser usada de forma permanente, pois é comum as pessoas não darem valor àquilo que lhes é proporcionado pela empresa. O ideal é que a empresa comunique um benefício por mês, passando por todos eles e retomando quando encerrar a lista. Exemplo: num mês, transporte, no outro alimentação, no outro saúde, no outro auxílio-universidade, no outro auxílio-creche e, assim, sucessivamente. Refiro-me a uma grande campanha de marketing de benefícios com um mesmo conceito, porém com peças individuais sobre cada um dos benefícios, entrando nos canais e nas mídias internas mês a mês. Nesses materiais, a empresa pode usar o depoimento dos empregados que usufruem ou já usufruíram desses benefícios. O mesmo pode acontecer com o conteúdo Reconhecimento, pois quanto mais evidenciado for esse assunto por meio de recursos de marketing, mais as pessoas se sentirão distinguidas e homenageadas pela empresa, o que determina um alto nível de engajamento.

No caso de Resultados, é imprescindível que a empresa estabeleça suas metas e as divulgue de forma sistemática, seguida dos resultados atingidos. Quando a empresa divulga seus objetivos-macro e, depois, os patamares atingidos, as pessoas se sentem mais valorizadas e, principalmente, integradas. Elas sentem: "estou dentro", "faço parte". Para isso, deve-se utilizar conceitos de empreendedorismo e de construção, o que contribuirá para que as pessoas se sintam parte, donas ou associadas ao negócio.

Outra estratégia é colocar o nome da empresa associado à expressão que define o conteúdo para reforçar a imagem interna de marca. Afinal, tudo é branding. Exemplifico abaixo com o nome da empresa que dirijo e cinco exemplos de conteúdos:

- Gestão de Pessoas HappyHouse.
- Qualidade HappyHouse.
- Estratégia de Negócio HappyHouse.
- Reconhecimento HappyHouse.
- Clientes HappyHouse.

Mas, se Recursos Humanos é o grupo de conteúdo que detém as informações que mais interessam ao empregado, Estratégia deve ser o que mais interessa à empresa. Portanto, os dois têm que ser mais presentes nos canais internos de comunicação.

Ao avaliarmos os resultados das pesquisas realizadas nas empresas que ficam entre as primeiras "10 melhores empresas para você trabalhar", ranking da revista *Você S/A-Exame*, é possível perceber que um dos índices mais altos obtidos por elas está na questão "conheço a estratégia da empresa".

Mas, o que é exatamente estratégia? Estratégia é uma palavra de origem grega *strategia*, que significa plano, método, manobras ou estratagemas usados para alcançar um objetivo ou resultado específico. Segundo a Wikipédia, o conceito de estratégia é uma das palavras mais utilizadas na vida empresarial para falar de futuro, integrada no processo decisório, com base em um procedimento formalizado e articulador de resultados.

Nas minhas palestras, costumo defini-la de uma forma bem simples: se objetivo ou meta é "aonde queremos chegar", a estratégia é "o que faremos para chegar lá". Entretanto, no âmbito do endomarketing, quando nos referimos à estratégia do negócio, temos que levar em consideração também os objetivos, ou seja, aonde ela deseja chegar juntamente com o que ela fará para chegar lá. Assim, ao compartilhar a sua estratégia, estará permitindo que os empregados saibam exatamente a que devem se engajar. Na minha opinião, o engajamento espontâneo não existe. Para que o engajamento realmente aconteça, é imprescindível que a pessoa receba a informação sobre a que se engajar.

Hoje, acredito que as empresas possuem o desejo genuíno de que o público interno conheça a sua estratégia e passe a trabalhar com foco total nela, o que certamente gerará resultados bem superiores aos que seriam conquistados se os empregados não a conhecessem. No entanto, é comum as empresas esperarem que os empregados se engajem sem que a estratégia seja comunicada de forma clara e transparente.

## *Todas as pessoas possuem capacidade de engajamento e estão abertas a isso.*

Acredito muito na capacidade de engajamento das pessoas e costumo dizer que todas estão abertas a isso, pois nada é pior do que não ter um caminho a seguir, assim como não ter um objetivo claro a ser perseguido.

## *As pessoas somente se engajam quando estimuladas.*

Da mesma forma, penso que o engajamento somente acontece quando as pessoas são estimuladas, o que significa que a estratégia tem que estar na palavra da alta liderança – sendo repercutida pelas chefias intermediárias –, nas campanhas de endomarketing e nos canais internos de comunicação, permitindo que os empregados não apenas a conheçam, mas possam acompanhá-la por meio da informação sistemática. É importante, também, que essa informação sistemática traga os resultados de cada período, a fim de que as pessoas possam acompanhá-los. Isso permitirá que se motivem com os resultados positivos ou dobrem o seu esforço para melhorar os resultados negativos.

Há pouco tempo, realizei um processo de diagnóstico numa empresa que evidencia, nos seus valores, a expectativa de que os empregados trabalhem por resultados excepcionais. Durante os grupos focais, ouvi o tempo todo a frase "meta é para ser superada", como se fosse um mantra, o que significa que a empresa está conseguindo alinhar o pensamento do público interno à sua estratégia. Essa é uma empresa que costuma deixar muito claro, por meio do endomarketing, o que espera dos seus empregados e como eles devem pensar e agir para atingir os resultados desejados, o que reforça a minha crença de que as pessoas precisam ser informadas com clareza sobre os objetivos da empresa. Assim, sentir-se-ão mais seguras e incentivadas a trabalhar para "chegar lá".

Dentro do que considero comunicar a estratégia, está a informação sobre a mudança que faz parte da realidade de todas as empresas neste momento. Afinal, os negócios estão em reconfiguração e as mudanças acontecendo o tempo todo, como parte do dia a dia das pessoas nas empresas. Costumo dizer, nos treinamentos para a comunicação face a face que realizo com lideranças, que naquelas três ou quatro horas em que os líderes estão reunidos para me ouvir, mudanças que afetam as suas áreas e o seu trabalho podem estar acontecendo na empresa. A ideia não é ameaçá-los, nem gerar medo, mas mostrar que essa é uma realidade indiscutível, assim como são enormes as dificuldades para liderar num ambiente de mudança.

São novos ventos que trazem novos desafios para a comunicação com o público interno, pois as pessoas sempre demonstram uma certa dificuldade de se adaptar às mudanças necessárias. E quando o progresso de uma empresa é mais rápido do que a capacidade das pessoas de se adaptarem a ele, acontece o conflito, o estresse e a demora na execução.

Há muito tempo defendo a ideia de que as pessoas não resistem à mudança, mas à falta de informação sobre ela. Em outras palavras, quero dizer que a mudança tem muito mais condições de ser aceita pelas pessoas, se tiver sido informada no tempo certo e por meio de um conteúdo completo e consistente. Refiro-me à informação acompanhada de uma explicação que faça as pessoas entenderem o motivo e os benefícios da mudança.

## *Informação + Explicação da informação*

Todos sabemos que as empresas precisam se reinventar e que, aquelas que não conseguirem, terão que deixar o mercado em que atuam. Tenho me portado como advogada de defesa das empresas nas minhas palestras, dizendo que a maioria delas pensa muitas vezes antes de tomar a decisão de mudar algo e que, normalmente, só a comunica depois de ter certeza de que está no caminho certo, pois a tendência das pessoas é pensar que as decisões são tomadas pelas empresas de forma leviana e sem avaliar as consequências. A consciência de que

*quanto melhor informada a mudança,*
*mais as pessoas a aceitarão e se engajarão nela,*

é decisiva, mesmo diante de pequenas transformações, pois há momentos em que a reação das pessoas pode surpreender.

Segundo o consultor Daryl R. Conner, depois de ter contato com a mudança, é necessário que a pessoa conheça os fatores que a promovem e, inclusive, se ela é inevitável. Entendo que essa etapa deve ser assumida pela direção da empresa. É para momentos como esse – de comunicar uma mudança e os fatores que a promovem –, que servem os canais diretos da alta liderança.

A partir da conscientização, a pessoa passa a buscar informações sobre os aspectos da mudança que irão afetar seus interesses e expectativas, etapa na qual a informação pode ser repassada pela liderança imediata e abordada nos canais internos de comunicação. Apenas quando a pessoa considera-se satisfeita com essas duas etapas (que eu chamo de informativas), é que toma a decisão de aceitar ou não a mudança. Uma boa estratégia a ser adotada é imaginar as perguntas que os empregados gostariam de fazer à empresa sobre aquilo que mudou ou irá mudar, fazendo das possíveis respostas o conteúdo a ser publicado num "book da mudança" e veiculado nos canais de comunicação com o público interno em forma de notícia.

Segundo um artigo da *Holmes Report*, a falta de comunicação de mudanças organizacionais pode gerar um aumento de 42% na má conduta dos empregados, afetando diretamente a sua produtividade. Ocorre que é comum pensarmos que só as pessoas de mais idade possuem resistência à mudança. Mas, ser jovem não significa aceitar a mudança facilmente. Ao contrário, os jovens tendem a ser rebeldes e questionadores. Em outras palavras, costumam ser os "donos da verdade", acreditando que têm condições de decidir melhor do que a alta direção da empresa.

Por outro lado, cabe à nova geração não apenas aceitar, mas também promover as reestruturações necessárias. É mais difícil os *baby boomers* pensarem e protagonizarem a reinvenção da empresa. Isso caberá cada vez mais aos jovens, o que torna evidente o desafio das empresas diante do fato de que não têm outra opção, a não ser promover as mudanças necessárias e lutar para conseguir a aceitação e o envolvimento das pessoas.

É evidente, também, a relevância das empresas trabalharem, por meio das campanhas de endomarketing, o olhar para o futuro e a necessidade de uma reinvenção permanente. Negar a mudança é a pior decisão que uma empresa pode tomar. As mudanças precisam ser assumidas e comunicadas pela empresa de forma firme, sempre associadas à sua estratégia e ao seu projeto para o futuro.

Independente de qual seja a decisão do empregado em relação à mudança que foi informada, a empresa não pode desistir dela. Ao contrário, deve continuar trabalhando no sentido de gerar o seu engajamento, o que somente acontece se a empresa divulgar os objetivos, as consequências e os resultados previstos com a mudança. Para isso, existem os canais internos de comunicação e o líder como primeiro e principal canal.

## *As pessoas estão valorizando primeiro o meio e, depois, o conteúdo.*

Uma outra providência importante e urgente para algumas empresas é tornar seus canais de comunicação interna mais eficientes e atrativos. Nos parágrafos anteriores, abordei sobre como torná-los eficientes em nível de conteúdo. Com relação a torná-los mais atrativos, é preciso levar em consideração que, hoje, especialmente as gerações mais jovens, valorizam primeiro o meio e, depois, o conteúdo. Refiro-me a nomes criativos e modernos, layouts arrojados (mas alinhados com a imagem da marca) e espaços diferenciados, além de uma linguagem direta e adequada às características do público interno.

Da mesma forma, as campanhas de endomarketing, independente de serem informativas ou motivacionais (o ideal é que cumpram com esses dois objetivos ao mesmo tempo), servem para chamar a atenção do empregado para o conceito principal e atraí-lo por meio de uma linguagem persuasiva. Uma estratégia adequada é eleger algumas palavras que estejam diretamente relacionadas aos objetivos que a empresa deseja atingir para serem usadas em todos os textos de comunicação interna. Como exemplos:

- **A empresa precisa aumentar seus níveis de produtividade?** Deve falar sempre nisso.

- **A empresa vende moda e estilo?** Deve lançar mão dessas expressões sempre que possível nos instrumentos de endomarketing.

- **A empresa acaba de ser comprada por um determinado grupo empresarial?** Tem que usar sempre as palavras integração, interação, aprendizado, troca de experiências e outras com o mesmo sentido, sempre valorizando a empresa que está sendo comprada.

- **A empresa está vivendo uma nova gestão ou um novo momento?** Deve empregar os conceitos de novidade, abertura ao novo, reinvenção, inovação, nova realidade, novo contexto, melhoria contínua, aumento nos níveis de qualidade e de produtividade, e outros.

Hoje, para conquistar e engajar um público interno altamente informado e conectado, acostumado à qualidade da informação e a formatos diferenciados, o endomarketing precisa usar todos os recursos possíveis e disponíveis.

Sobre canais/veículos internos de comunicação, é evidente que houve uma evolução nos últimos anos, o que exemplifico por meio das informações abaixo:

- **as velhas caixas de sugestões** deram lugar a hotsites interativos, blogs e redes sociais internas;

- **os programas de ideias** deram lugar para programas de empreendedorismos por meio dos quais o empregado não apenas tem a ideia, mas a implementa e a empresa reconhece e premia o resultado desse processo;

- **os processos de ouvidoria** deram lugar a canais de ética.

Mas, especificamente sobre canais/veículos, o que existe de novidade não são exatamente novos canais e, sim, o sentido, os recursos e a abrangência que se pode dar a cada um. Abaixo, um pouco do que tenho percebido em relação aos meios que estão sendo usados pela empresa neste momento.

Os **E-MAILS INFORMATIVOS**, ainda chamados de avisos e comunicados, nunca deixarão de existir. Mas podem ter um nome mais moderno e ser melhor utilizados e diagramados, com selos para quando a informação é específica para lideranças, quando o conteúdo é de Recursos Humanos, ou quando se trata de um reconhecimento. Ao receberem um e-mail identificado como exclusivo para lideranças, o líder se sentirá priorizado e perceberá a empresa dando a ele a oportunidade de "ser o primeiro a saber". Ao receberem e-mails exclusivos para conteúdos importantes para o engajamento como Recursos Humanos e Reconhecimento, os empregados terão a percepção de organização e de que não estão recebendo o mesmo canal diversas vezes por dia. Além disso, um sistema de e-mails informativos precisa ter também o seu "plantão", que significa o uso de um ícone, alertando o empregado de que precisa ler o conteúdo imediatamente.

É importante lembrar que o e-mail informativo não é o canal adequado para veicular informações sobre a estratégia da empresa. Seu conteúdo deve ser composto de informações rápidas, de baixa ou média relevância. Quando o assunto for estratégico como uma mudança estrutural, a abertura de uma nova unidade, o lançamento de um novo produto ou a compra de uma outra empresa, o correto é enviar uma Mensagem ou Vídeo do Presidente (que pode ser também de um Vice-Presidente e/ou de um Diretor) com um texto assinado por ele.

A **MENSAGEM do PRESIDENTE ou da DIRETORIA** é um canal a ser reservado para assuntos realmente estratégicos, o que o torna decisivo para que a empresa conquiste credibilidade junto ao seu público interno. A verdade é que toda empresa, independente de porte e segmento, precisa ter canais diretos da alta direção com os empregados, pois eles servirão para estabelecer uma aproximação com todos os níveis de público interno, abordando assuntos estratégicos. Grandes decisões, por exemplo, especialmente aquelas que impactam na vida do empregado, devem ser comunicadas pelo Presidente pessoalmente ou por meio de uma mensagem por e-mail ou vídeo.

## *A estratégia como grupo de conteúdo.*
## *x*
## *Conteúdo estratégico.*

Existe uma diferença quando me refiro à "estratégia" como conteúdo e "conteúdo estratégico". Quando escrevo sobre a estratégia como conteúdo, estou me referindo à informação sobre "aonde a empresa deseja chegar" e "o que a empresa fará para chegar lá". Uso a expressão "conteúdo estratégico", quando estou falando de conteúdos importantes como Recursos Humanos, Qualidade, Produtividade, Sustentabilidade, Gestão e outros. São informações de alta relevância sobre as iniciativas da empresa que, quando divulgadas, contribuem para o alinhamento dos empregados e, como consequência, para o seu engajamento.

Quando cito as informações do dia a dia, consideradas de baixa ou média relevância, me refiro a avisos ou comunicados que são importantes, mas que não contribuem para formar opinião.

Para que o nível de assimilação de uma informação seja maior, o ideal é não misturar conteúdos estratégicos nos canais de comunicação interna. Temas importantes devem ocupar espaços específicos e identificados por meio de páginas especiais, cartolas, cabeçalhos, chamadas, ícones e cores. Uma boa estratégia para isso é tornar as páginas centrais da revista interna exclusiva para conteúdo de Recursos Humanos, colorindo o fundo dessas duas páginas de forma a diferenciá-las das demais. Isso, sem dúvida, contribuirá para a imagem de Recursos Humanos.

A **REVISTA INTERNA**, tão criticada por aqueles que acreditam que tudo deve ser digital, ainda é um canal considerado importante, especialmente pelas pessoas que trabalham sem acesso direto a computador como, por exemplo, o pessoal de base operacional. Para eles, a oportunidade de se ver ou encontrar a sua área/unidade na revista, podendo compartilhá-la com a família, ainda é muito valorizada.

A questão é que a maioria das revistas internas são trabalhadas como um canal de notícias, compostas de pequenas notas e de muitas fotos de eventos internos que aconteceram no mês anterior ou dois meses antes, passando a imagem de um canal desatualizado. É preciso atentar para o fato de que a revista interna não é um veículo de notícias e, sim, um canal formador de opinião em função da sua periodicidade, normalmente bimestral ou trimestral. Como instrumento formador de opinião, ela deve priorizar assuntos estratégicos abordados com profundidade e acompanhados de matérias que mostrem o elemento humano e o seu engajamento à empresa por meio também do *storytelling*.

A **REVISTA INTERNA DIGITAL** é a versão ideal para lideranças, público administrativo e demais profissionais que possuem acesso direto ao computador, o que dispensa o investimento com a produção em papel. Outra vantagem da revista interna digital, que deve ser usada por empresas nas quais todos trabalham conectados, é o fato de permitir que sejam anexados vídeos com entrevistas, comerciais para que os empregados sejam os primeiros a ver, músicas, além de outros recursos. Independente de ser impressa ou digital, o importante é priorizar conteúdo sobre o negócio, valorizando o produto/serviço e os resultados alcançados, além de capitalizar as iniciativas de Recursos Humanos que beneficiam os empregados. Outro benefício é a possibilidade da revista digital ser mensal, já que o custo do papel é o que, muitas vezes, faz com que a empresa opte por disponibilizar apenas duas, três ou quatro edições no ano.

O **INFORMATIVO ELETRÔNICO** ou **NEWSLETTER** semanal ou quinzenal, entra como um canal de notícias, já que a revista interna, impressa ou digital, é um canal formador de opinião, trazendo informações "quentinhas" sobre assuntos estratégicos e tendo como conteúdo as iniciativas positivas de todas as áreas da empresa que devem ser do conhecimento do público interno. Quando houver a necessidade de repercutir um evento ou ação interna por meio de fotos, a newsletter pode ter uma edição especial, restrita a esse assunto. Por ter uma periodicidade semanal ou quinzenal, a newsletter supre a necessidade de informação rápida e permanente, permitindo que a revista seja realmente um canal formador de opinião. Mas, assim como a revista interna, ela tem que representar uma agenda positiva, com assuntos que contribuam para a imagem interna.

O **MURAL DIGITAL** está substituindo o velho jornal mural que, em algumas empresas, ainda é um canal no qual qualquer pessoa pode afixar o que quiser, sem monitoramento ou organização e, principalmente, sem editorias definidas, o que o configura como um jornal de parede.

Por meio do mural digital, usando monitores colocados nas áreas administrativas e operacionais, as empresas podem divulgar suas notícias em tempo real por meio da informação digitalizada, acompanhadas de fotografias ou ilustrações. Esse é um canal que pode misturar informações de baixa, média e alta relevância, pois são transmitidas em, no máximo, um parágrafo, sem um aprofundamento maior. Mas é possível separar as informações por grupos de conteúdo – o que gera um maior nível de assimilação – por meio de telas de abertura de editorias antecedendo cada notícia. Essas telas com editorias podem ser fixas, dentro das quais serão digitadas as informações que irão ao ar, mudando o layout periodicamente para não cansar o público interno.

O **JORNAL MURAL** – que eu costumo chamar de **JORNAL DE PAREDE**, pois também deve ter espaços e editorias definidos –, ainda é muito importante para empresas que não dispõem de mural digital, especialmente em áreas nas quais as pessoas não possuem acesso permanente a computador como, por exemplo, nas retaguardas das lojas, ou nas áreas operacionais das indústrias.

O jornal de parede tem que ser realmente um jornal, ou seja, apresentar a informação de forma organizada, separando o conteúdo corporativo do local (da unidade), além de um espaço para veicular a newsletter impressa para leitura daqueles que não a recebem. Seguindo o mesmo raciocínio, recomenda-se imprimir os e-mails informativos, cujo conteúdo deva ser do conhecimento de todos, e colocar no jornal de parede.

Esse canal precisa ter, também, um espaço aberto para a veiculação de cartazes de campanhas de endomarketing. Quando aberto, esse espaço permite surpreender o público interno com a colocação de um ou mais cartazes, ou peças com formatos diferenciados. Em relação ao conteúdo, o jornal de parede deve priorizar informações rápidas, de baixa e média relevância. Para as informações mais estratégicas existe a newsletter que pode ter uma edição extra no caso de conteúdos estratégicos e especiais.

Uma boa estratégia é investir na programação visual e nos materiais utilizados na produção dos jornais de parede, a fim de que também sirvam como instrumentos decorativos. O espírito de uma empresa deve estar refletido nas paredes, especialmente depois que as pessoas passaram a valorizar a decoração e a criatividade nos ambientes corporativos.

Aproveito esse espaço para abordar o fato de que algumas empresas possuem uma comunicação altamente moderna e arrojada para o mercado e totalmente defasada e sem atrativos para o público interno. Refiro-me a empresas que possuem loja conceito em Nova Iorque e o seu jornal mural ainda é uma caixa de metal com vidro na frente e fechada a chave. Isso despreza o empregado, pois parece que apenas o cliente externo é importante, quando vivemos um momento em que as empresas dependem cada vez mais do seu público interno para se manterem no mercado.

A **INTRANET** ou **PORTAL CORPORATIVO**, plataforma que funciona como um armazenador de conteúdos e documentos, ao mesmo tempo que se configura como um canal de notícias sobre a empresa e de serviços para o empregado, é a versão particular da internet.

Hoje, nenhuma empresa acredita estar se comunicando de forma eficaz com os seus empregados se não tiver uma intranet.

Assim, a intranet se tornou um dos principais canais de comunicação com o público interno. Por ela, acontece o fluxo de documentos que devem ser comuns a todos, além de conteúdos corporativos e notícias, o que permite reduzir custos e ganhar velocidade na distribuição das informações.

Entretanto, poucas empresas possuem uma intranet convidativa e amigável, que seja atualizada de forma permanente e que permita a interação, a troca de experiências e a colaboração entre as pessoas. O que mais ouço nos processos de diagnóstico, quando pergunto sobre os canais internos de comunicação, é que as pessoas não entram na intranet porque, ao fazê-lo, encontram sempre as mesmas informações. Por isso a importância da empresa manter um profissional, ou uma equipe de profissionais focados na atualização da intranet em tempo real. A falta de atualização gera a falta de credibilidade nesse canal. A verdade é que a intranet somente é considerada um canal de informação quando possui, na sua página de abertura, um mural de notícias atualizado diariamente. Algumas empresas, além de manterem esse espaço atualizado, costumam substituir as notícias por uma mensagem do Presidente ou por um banner especial, sempre que existe um fato ou uma decisão muito importante a ser comunicada, voltando com o conteúdo informativo no dia seguinte.

Outra reclamação permanente é o fato de que, em algumas empresas, os empregados precisarem de senha para entrar e não podem acessar de casa. Quando esquecem a senha, diante da necessidade de realizar um novo cadastro, acabam desistindo do canal.

Em função do pouco acesso decorrente da falta de qualidade na administração da informação e dos fatores citados acima, as áreas de Recursos Humanos têm criado seus próprios portais, sem que estejam sequer no mesmo ambiente. Dentro ou fora da intranet, um portal de Recursos Humanos permite ao empregado pesquisar dados sobre a sua vida na empresa em tempo real: salário, benefícios, incentivos e outros. Do ponto de vista do endomarketing, o portal de Recursos Humanos serve para que a área possa vender seus programas como um pacote, reunindo tudo o que oferece e proporciona ao público interno num único lugar e configurando a sua Proposta de Valor ao Colaborador.

Existem ainda as empresas que precisam conviver com uma intranet global, geralmente distante da cultura e da linguagem local, não podendo fazer as adequações ou as melhorias que gostariam. Essa é mais uma razão para algumas empresas não terem evoluído em relação a esse canal.

Mas também existem organizações que possuem intranets altamente modernas e colaborativas, algumas inclusive no formato de redes sociais corporativas, que permitem a interação e a colaboração entre os empregados, intensificando e tornando mais saudável a comunicação interpessoal. Um exemplo disso são as intranets que possuem espaço para que os líderes coloquem o seu playlist do Spotify e as suas equipes possam baixar, o que gera a proximidade entre as duas partes no momento em que a pessoa percebe ter as mesmas preferências que a sua liderança. Dentro desse contexto, existem também empresas que estão se comunicando com o seu público interno por meio das suas intranets resumidas num aplicativo.

O **APLICATIVO INTERNO** entrou para transformar a comunicação com o público interno num processo mais rápido, divertido e otimizado, embora até pouco tempo fosse inimaginável que uma pessoa pudesse acessar informações sobre a empresa do lugar onde estivesse e por meio do seu smartphone.

Mas, estamos vivendo a era da mobilidade já há algum tempo e isso é cada vez mais uma realidade nas empresas. Segundo a Nokia, o usuário médio olha o smartphone 150 vezes por dia, o que faz de um aplicativo – com todas as suas funcionalidades sobre as quais não vou me deter –, uma grande oportunidade para que os empregados se conectem com a empresa, especialmente aqueles que estão em movimento.

Por ser um canal para mensagens rápidas e diretas, o aplicativo interno também economiza tempo dos profissionais que geram conteúdo. Assim, o aplicativo interno tem a vantagem de ser um canal coerente com os *millennials* e a sua já conhecida dificuldade de se deter num único assunto, ou prestar atenção em grandes textos.

Os aplicativos também são ideais para repercutir campanhas de endomarketing e para se obter retorno sobre o desempenho delas. Basta que se crie interações por meio das quais os empregados sejam incentivados a comentar, ou a participar de algumas etapas da campanha. Esse novo (mas nem tanto) canal terá, sem dúvida, um grande crescimento nos próximos anos, pois a sua utilização ainda não é uma realidade na maior parte das empresas. Neste momento, o mercado ainda está avaliando os prós e contras, além das condições para a sua implantação. Mas podemos dizer que é uma tendência forte que facilita, também, aquilo que já é visto como uma realidade: a grande aceitação dos vídeos por parte das pessoas e o fato das empresas já estarem se comunicando com os seus empregados por meio deles.

Assim como no passado a maioria das empresas quis ter uma intranet para acompanhar a evolução da comunicação com o público interno, o mesmo está começando a acontecer com o aplicativo. Acredito, também, que logo este será um dos canais preferidos dos empregados, tanto da Geração X quanto das Gerações Y e Z. Mas, como todo canal, é preciso avaliar a sua adequação ao público interno e à atividade por ele desenvolvida. Assistindo a uma apresentação do trabalho de comunicação interna das Olimpíadas e Paralimpíadas 2016, soube que o aplicativo não foi adotado como um canal de comunicação com os voluntários (segmento específico de público interno) porque o comitê desejava que mantivessem total atenção ao público presente no evento. Um aplicativo certamente tiraria muito dessa atenção.

As **REDES SOCIAIS INTERNAS**, também chamadas de **REDES SOCIAIS CORPORATIVAS,** já são uma realidade nas empresas em que o endomarketing está mais avançado. Hoje, é possível identificar vários modelos de rede social interna, mas o mais comum é funcionar como uma intranet, porém com os recursos de uma rede social, promovendo interação e colaboração. Entre os benefícios de uma rede social interna estão:

- tornar as informações mais acessíveis;
- estimular o compartilhamento de informações;

- promover a inovação;
- criar uma cultura de colaboração;
- conectar as pessoas, independente de onde estiverem;
- incentivar a comunicação horizontal e vertical, aproximando as pessoas entre si e empregados da base com as lideranças;
- muitos outros definidos por cada empresa.

Apesar desses benefícios, ainda há empresas que enxergam as redes sociais como um canal que serve apenas para diversão dos empregados e que optam por não implantá-la, o que é até compreensível. Ao nos darmos conta de que, atualmente, o foco total no resultado é comum a todas as empresas, se torna fácil entender essa resistência.

Outras empresas entendem a rede social interna como mais um canal para a comunicação informal, por meio do qual as pessoas poderão fazer comentários negativos sobre a organização, compartilhando suas percepções e críticas. Isso também é compreensível, pois nem todas as empresas possuem uma cultura ou passam por um momento adequado para disponibilizar um canal colaborativo aos seus empregados. Além disso, existe a percepção de que as pessoas não deixariam de entrar no Facebook ou no Twitter, mesmo em horário de trabalho para acessar a rede social da empresa, e o tempo que sobra para ela é mínimo. Isso torna a rede social menos eficaz do que as empresas que as implantam esperam.

Mas as redes sociais internas podem beneficiar o processo de informação e de integração de uma empresa de diversas maneiras, algumas muito interessantes como a oportunidade de conhecer profundamente o consumidor/empregado (primeiro princípio do marketing) em função dos dados que o sistema pode gerar.

Acredito que ainda não existam pesquisas realizadas com uma amostra considerável sobre o uso de redes sociais internas, até porque mais de 50% das empresas ainda não mensuram o seu processo de comunicação com o público interno. Mas li alguns TCCs – Trabalhos de Conclusão de Curso – sobre o tema, e as empresas pesquisadas se mostraram favoráveis ao seu uso, com resultados positivos registrados em pesquisas de clima organizacional. Essa favorabilidade é determinada, primeiro, pela modernização do processo de comunicação com o público interno e, segundo, pela possibilidade de uma coleta mais rápida do conhecimento existente junto aos empregados, permitindo aquilo que o meio corporativo chama de "gestão do conhecimento".

Na minha opinião, um dos maiores benefícios das redes sociais internas é o espaço gerado para a troca de conteúdos, referências e experiências entre os empregados.

## *O relato de uma experiência se transforma rapidamente em conhecimento.*

Uma das estratégias para incentivar o acesso à rede social interna é incentivar as pessoas a contarem histórias sobre experiências vividas no ambiente profissional. Sempre que alguém conta uma história interessante, desperta a atenção das pessoas. Da mesma forma, sempre que alguém encontra uma história interessante num dos canais da empresa, comenta com outras pessoas e o acesso aumenta.

Outra estratégia fundamental para o sucesso de uma rede social interna é a participação efetiva da alta liderança. Uma rede social interna da qual o Presidente e os Diretores participam é vista pelo público interno como importante, inspiradora e verdadeiramente colaborativa.

Uma empresa para a qual trabalhamos, quando lançou a sua rede social interna, usou como instrumentos de endomarketing os mesmos "memes" (piadas, provérbios e aforismos), usados em redes sociais como o Facebook para atrair a atenção do seu público interno e o resultado foi bastante positivo.

O Facebook lançou o Workplace, que se colocou no mercado como um Facebook Corporativo, e que não deixa de ser uma das formas da empresa ter uma rede social interna. Como argumento para a sua utilização, o Workplace é vendido como um sistema que se propõe a reduzir a necessidade de ferramentas de colaboração interna como intranet, sistemas de telefone, videoconferência e listas de distribuição. Embora funcione de forma similar ao Facebook, inclusive na interface, o Workplace opera totalmente separado e o empregado não precisa ter uma conta pessoal no Facebook. Essa ferramenta conta com um mural, chat, transmissões ao vivo pelo Facebook Live, grupos, traduções automáticas e ligações de voz e vídeo por IP. Além disso, o Multi-Company Groups, opção que existe dentro do Workplace, oferece a possibilidade de criar grupos compartilhados entre corporações. Com ele, empresas diferentes que estiverem trabalhando em conjunto poderão ter um espaço online para que seus empregados troquem ideias e agilizem tarefas. A ferramenta é multiplataforma funcionando via Web ou Mobile.

O **WHATSAPP** também passou a ser usado como canal de comunicação com o público interno, porém no modelo de central de conectividade. Essa é uma questão sobre a qual tenho sido muito questionada em reuniões ou palestras: se o WhatsApp pode ser usado na comunicação com o público interno. E a minha resposta tem sido "sim", com as seguintes ressalvas:

- no modelo tradicional, apenas para que o líder se comunique com a sua equipe e, ainda assim, quando a equipe é pequena; e
- por meio de uma central de conectividade, para que a empresa se comunique com todo o seu público interno ou grupos de empregados, sem correr o risco que o assunto se transforme numa discussão entre eles.

Essas centrais são ferramentas que funcionam apenas em horário comercial e possibilitam programar e enviar documentos, imagens, vídeos ou mensagens para o público. A troca de mensagens entre a Central e o empregado é feita de modo privado. A empresa envia a informação para a Central que faz a sua distribuição. Caso o empregado retorne, cai na Central e não aparece para todo o grupo. A Central pode responder de acordo com a orientação da empresa que a contratou ou simplesmente reunir os retornos e entregá-los à contratante.

Com relação ao Aplicativo Interno e ao WhatsApp, é importante considerar que as vidas pessoal e profissional estarão cada vez mais unidas e os smartphones se tornarão mais utilizados para a comunicação com o público interno. Obviamente, a tendência das empresas é continuar evoluindo em relação às tecnologias oferecidas pelo mercado: da informação corporativa ao controle no cumprimento de metas. Embora saibamos que é um "caminho sem volta", tudo depende do quanto as empresas estão abertas para disponibilizar e compartilhar conteúdos importantes e estratégicos, pois assim como a tecnologia facilita o processo da informação, também provoca a exposição do seu emissor.

## Os canais devem ser poucos, mas eficazes.

Dizem que 99% do investimento das empresas em inovação é feito em função do cliente. Mas se a empresa perguntar ao empregado no que ela precisa inovar na sua comunicação com ele, certamente receberá uma série de contribuições. Entretanto, a melhoria contínua nem sempre significa acrescentar alguma coisa, nem fazer mais. Sob o ponto de vista da simplicidade, muitas vezes significa retirar alguma coisa. Assim, percebo as empresas diminuindo a quantidade de canais e se preocupando muito mais com a qualidade do conteúdo, a sua sistemática e rapidez nas respostas, a fim de conquistar a credibilidade do processo junto ao público interno.

E além de diminuir os canais, as empresas estão começando a adotar um único software para administrar todos ao mesmo tempo. Hoje, existem opções de tecnologia no mercado que permitem que os canais sejam administrados por uma equipe reduzida sem perder em qualidade. Ao contrário, quando administrados por um único sistema, os canais tendem a ser mais eficientes, formatando uma mesma informação para diferentes canais.

É claro que a lógica do mercado é a da inovação. O mercado está totalmente nas mãos dessa disciplina, o que certamente deverá aumentar numa dimensão que sequer imaginamos. Mas, entendo que a solução para o endomarketing nas empresas vai além de um aplicativo, de uma intranet, de uma rede social corporativa ou de qualquer outra plataforma. É preciso metodologia, planejamento e muita estratégia. A tecnologia é apenas um dos elementos dessa equação.

A modernidade desconsidera o básico, o que é péssimo, pois muitas empresas ainda não adotaram o que é essencial e já querem partir para canais mais sofisticados e difíceis de gerenciar.

É importante lembrar, também, que não se deve criar um canal em função de uma determinada informação. O processo é inverso: diante de uma demanda de informação, a empresa deve buscar, entre os seus canais, os espaços mais adequados para veicular aquele conteúdo.

Embora a comunicação com o público interno tenha que ser multicanal e essa tendência nunca tenha sido tão intensa quanto agora, com a chegada dos nativos digitais ao mundo corporativo, eles não precisam ser muitos. O importante é não focar apenas numa intranet ou num aplicativo, por mais evoluída em nível de endomarketing e tecnológica que seja a empresa. As empresas que centralizam o seu processo em um único canal estão longe de ter um endomarketing completo e eficaz.

Os canais de comunicação com o público interno devem ser complementares, ou seja, todos podem veicular as mesmas informações, porém com intensidades e formatos diferentes, considerando os seus atributos (objetivo, conteúdo, periodicidade, formato, distribuição etc.). Afinal, nem todos os canais atingem a todos ao mesmo tempo. Além disso, é comum as pessoas serem impactadas ou gostarem mais de acessar um determinado canal, buscando se informar por meio dele. Temos que levar em consideração que estamos diante de um empregado/consumidor cada vez mais exigente, que pode querer receber o resumo de uma informação num canal e aprofundar o conteúdo em outro.

Os vídeos, que hoje são uma realidade em endomarketing, devem se tornar cada vez mais uma preferência das pessoas. Neste momento, acredito que nenhuma outra mídia interna pode ser considerada tão eficaz quanto o vídeo no ambiente corporativo, mesmo quando produzidos com um baixo padrão de qualidade. As web séries são uma estratégia que produz ótimos resultados para a veiculação de conteúdos que a empresa deseja entregar aos poucos, em vez de impactar o público interno de uma só vez.

Sabemos que manter um bom processo de informação dentro de uma empresa não é fácil, ainda mais naquelas que possuem milhares de empregados e estão distribuídas em muitas unidades no mundo. Costumo dizer que o sucesso do endomarketing possui uma relação direta com a geografia, pois é muito mais fácil praticá-lo numa empresa em que todos os empregados atuam dentro de uma mesma unidade. Difícil é atingir pessoas que trabalham no meio do mar, em ilhas, em minas, em unidades florestais, ou em lugares onde sequer existe acesso à internet.

Manter os canais funcionando e atingindo a todos com eficiência é um trabalho jornalístico e de engenharia que exige levantamento, gestão e curadoria permanente, realizado por profissionais que saibam identificar os conteúdos verdadeiramente estratégicos, assim como aqueles que não precisam ser comunicados, sob pena de tornar o processo pouco interessante e nada engajador.

Um conteúdo que contribui significativamente para a imagem interna da empresa são as aparições externas da marca, seja por meio de anúncios comerciais, de notícias publicadas na imprensa ou de participação em feiras. Os canais podem ter, inclusive, espaços específicos para isso. O ideal é evitar todo conteúdo que não seja estratégico e relevante, que não represente uma novidade ou que nada tenha a ver com o negócio e o mercado no qual a empresa atua.

Por conviverem com tantas informações em suas vidas fora da empresa, é certo que as pessoas não prestarão atenção em nada que não tenha foco ou consistência. Afinal,

*o que importa é a relevância da informação e não a quantidade.*

Um desafio do profissional de endomarketing é permanecer atento às conversas internas que estão acontecendo na empresa em todos os momentos, a fim de direcionar os canais para os conteúdos que realmente importam.

São tantos os movimentos necessários que alguns profissionais de comunicação estão optando pela descentralização do processo, permitindo que áreas corporativas e/ou grupos de profissionais enviem mensagens diretamente para todo o público interno ou para grupos específicos, sem que o conteúdo seja submetido a uma avaliação. Como argumento para essa descentralização, tenho ouvido frases como "hoje tudo é colaborativo" ou "somos todos gestores de conteúdo". Mas ainda não percebo os empregados como "gerenciadores de conteúdo" e, sim, como "influenciadores de conteúdo" para os canais internos e "disseminadores de conteúdo" para o mercado por meio das redes sociais.

O conteúdo corporativo, especialmente o considerado estratégico, ainda é decorrente das decisões tomadas pela empresa. A responsabilidade por entregar esse conteúdo ao público interno, independente do canal que será usado para isso, é da empresa. Portanto, é ela, por meio da sua área de comunicação, que deve gerenciá-lo. Isso não impede que sejam abertos espaços para que os empregados atuem:

- na sugestão de pautas;
- em comitês editoriais;
- como publicadores dos canais;
- como contadores de histórias;
- como entrevistadores;
- como repórteres.

Isso fará com que se sintam parte do processo, além de tornar a comunicação com o público interno mais verdadeira e próxima da realidade do pessoal de base. Mas, o gerenciamento disso tudo deve ser feito pela área de comunicação, sob pena do processo se tornar pouco estratégico. Embora concorde que vivemos na era da colaboração – tanto que abordei isso num dos capítulos anteriores –, a descentralização do processo de comunicação para o público interno me preocupa por causa de dois aspectos:

- **Primeiro** (e mais importante), porque tudo o que chega às pessoas, em nome da empresa, contribui para a sua imagem. Portanto, é preciso que a mensagem esteja dentro de um padrão visual e verbal que fortaleça essa imagem, ao invés de gerar percepções negativas.

- **Segundo**, porque os profissionais das áreas corporativas que enviarão as informações por meio dos canais, por mais preparados que sejam, não devem possuir conhecimento e experiência em comunicação, o que comprometerá a eficiência da mensagem.

Conheço empresas que descentralizaram o processo por motivos específicos, mas o fizeram selecionando as áreas que podem comunicar de forma direta e entregando a elas os padrões para que isso aconteça, além de terem responsabilizado a liderança da área pela eficiência de cada movimento e treinado os profissionais envolvidos, o que considero o processo correto.

O ideal, especialmente para grandes empresas, é criar uma agência interna de notícias e contratar, para essa atividade, profissionais de jornalismo. Assim, uma mesma informação será trabalhada no formato adequado para cada canal, pois de nada adianta veículos estruturados, se o processo da informação não estiver organizado.

Com relação ao visual dos canais, é recomendável realizar um *lifting* de tempos em tempos, ou quando a empresa entender necessário, pois a programação visual envelhece na medida em que as pessoas cansam de ver as mesmas capas, máscaras, cabeçalhos, cartolas, ícones, assinaturas e outros elementos.

## *A estratégia também tem que estar nas campanhas de endomarketing.*

As campanhas são um outro meio pelo qual o processo da informação acontece. Conforme coloquei num dos capítulos anteriores, elas tanto podem ser informativas, quanto motivacionais, mas o ideal é quando conseguem cumprir com esses dois objetivos.

Entendo que as empresas precisam parar de apenas lançar as campanhas de endomarketing, sem se preocupar com a sua continuidade. Tenho visto empresas lançarem campanhas solicitando que as pessoas se engajem, participem etc. e, depois, não fazem o seu encerramento informando sobre o que a empresa conseguiu atingir ou gerar por meio dela. É comum que a campanha seja simplesmente tirada do ar (dos canais e das mídias internas). Uma campanha tem que funcionar como uma história com início, meio e fim, seguindo as seguintes etapas:

- Informar a liderança sobre a estratégia da campanha;
- Entrar com uma peça teaser para despertar a atenção das pessoas para o assunto;
- Lançar a campanha, introduzindo o assunto;
- Desenvolver o assunto por meio de várias peças que podem ser veiculadas ao mesmo tempo (se forem complementares), ou uma a uma (se o assunto precisar ser apresentado em tópicos para ser melhor entendido);
- Encerrar a fase de desenvolvimento da campanha com uma peça que resuma os principais pontos abordados;
- Terminar a campanha como um todo, prestando contas às pessoas, pois é comum as empresas buscarem o engajamento do público interno no lançamento da campanha, mas não informarem quantas pessoas participaram, quantas contribuíram e os resultados alcançados. Essa é uma etapa na qual a empresa precisa dizer o seu "muito obrigado";
- Reservar uma peça da campanha que possa voltar a ser veiculada quando a empresa desejar lembrar as pessoas daquele assunto, ou precisar ocupar um espaço disponível nos canais de comunicação interna.

Obviamente, uma campanha de endomarketing de pequeno ou médio porte não precisa contemplar todas essas etapas, até porque, dependendo do assunto, alguma delas pode não fazer sentido. Mas, no caso de campanhas de grande porte, que têm como objetivo comunicar assuntos estratégicos da empresa, essas etapas precisam ser consideradas.

Outro fator importante e, ao mesmo tempo preocupante, é a otimização de recursos destinados às campanhas de endomarketing, pois é comum os profissionais das áreas corporativas da empresa, consideradas clientes da área de endomarketing, quererem "campanha para tudo", ou seja, um conjunto de peças/instrumentos/ações de endomarketing para divulgar internamente o seu programa, processo ou projeto, seja ele qual for. Entretanto, as campanhas de endomarketing, até pelo investimento que significam, devem ser reservadas para assuntos realmente estratégicos ou que pressuponham mudanças de comportamento. Os assuntos mais superficiais, que precisam de um movimento meramente informativo, podem ser comunicados por meio de texto nos canais internos ou de uma peça/instrumento de endomarketing, veiculada nos canais ou nas mídias internas.

Diante da demanda por uma campanha de endomarketing, os profissionais responsáveis devem questionar se é uma necessidade de informação ou, além de informar, é preciso provocar o engajamento das pessoas.

## Necessidade de informação?
## Use os canais internos de comunicação.

## Necessidade de engajamento?
## Use campanhas de endomarketing.

Para que uma campanha de endomarketing seja realmente estratégica, é imprescindível que os profissionais de comunicação façam os seguintes questionamentos:

- O assunto é relevante para a empresa?
- O assunto é estratégico e merece um investimento maior?
- Qual a percepção, o sentimento ou a mudança de comportamento que a empresa deseja provocar?
- Qual deve ser a mensagem-chave?

Já que citei o planejamento estratégico como um dos conteúdos que precisam ser reforçados constantemente pelas empresas, quero aproveitar para lembrar que alguns temas precisam ser explicados ao público interno no momento em que são lançados por meio de uma campanha de endomarketing. Planejamento estratégico é um deles.

As pessoas estão acostumadas a ouvir temas como esse nas empresas, mas nem sempre sabem o que significam. No caso de planejamentos estratégicos que utilizam a metodologia do BSC – *Balance Scorecard* – é preciso, inclusive, explicar para as pessoas a melhor forma de ler o mapa estratégico. Caso contrário, será somente mais uma figura com a qual o público interno vai conviver sem entender. O mesmo acontece com termos como "sustentabilidade", "diversidade", "*compliance*" ou "ética", palavras que, em muitas empresas, ainda não foram explicadas em toda a sua dimensão e abrangência.

No caso da campanha de endomarketing para divulgar o planejamento estratégico, aproveito para sugerir que as empresas evitem associações com guerras, competições ou esportes, como tenho visto em muitas delas. Em vez de contribuir, essa estratégia criativa dificulta o entendimento, pois as pessoas prestam muito mais atenção na guerra, na competição ou no esporte e não no conteúdo que a empresa acredita estar comunicando.

Sobre datas comemorativas, não sou contra o fato de serem celebradas pelas empresas. O que me preocupa é que muitas acreditam que, comemorando o Dia dos Pais, das Mães e das Crianças estão fazendo endomarketing. Penso que as datas comemorativas devem ser celebradas usando argumentos coerentes com o posicionamento interno ou com a estratégia da empresa, pois sempre é possível estabelecer um link entre o lado emocional da data e os objetivos estratégicos da empresa para que "a comemoração não aconteça apenas pela comemoração". Penso, também, que a data que comemora a profissão predominante na empresa, que representa o seu negócio, não pode passar despercebida. Refiro-me ao Dia do Comerciário, do Eletricista, do Jornalista etc.

Outro assunto que está em evidência é a diversidade. Muitas empresas estão colocando esse assunto entre os seus valores e realizando movimentos de valorização do ser humano, independente da sua condição e/ou das suas escolhas. Sob o ponto de vista do endomarketing, o uso de imagens de pessoas de todas as raças, credos, idades, gêneros etc. nas campanhas de endomarketing, já é uma realidade no ambiente corporativo. Mas entendo que ainda existe muito a ser feito em relação a isso e, já que as empresas costumam celebrar datas comemorativas, sugiro que se passem a contemplar as datas abaixo, aproveitando-as para lançar movimentos internos que tenham esses assuntos como causa.

- Dia Mundial da Não Violência – 30 de janeiro.
- Dia Internacional de Combate ao Racismo – 21 de março.
- Dia Internacional contra a Homofobia – 17 de maio.
- Dia de Combate ao Trabalho Infantil – 12 de junho.
- Dia Mundial do Doador de Sangue – 14 de junho.
- Dia Nacional do Deficiente Físico – 21 de setembro.
- Dia da Consciência Negra – 20 de novembro.
- Dia Internacional dos Direitos Humanos – 10 de dezembro.

São datas que merecem fazer parte do calendário corporativo, especialmente porque as empresas ainda possuem poucas mulheres, deficientes físicos, afrodescendentes, homossexuais e refugiados no seu quadro de pessoal, sendo menos ainda em cargos de liderança. Isso mostra a necessidade de sair do discurso e melhorar a prática, o que é uma preocupação de muitas empresas.

Ainda sobre campanhas de endomarketing, as empresas devem considerar que, para que a mente fixe algo, é preciso acumulação da mensagem, o que significa transmitir o conteúdo várias vezes e por diferentes meios. É com esse objetivo que as empresas criam as suas mídias internas, usando portas de elevador, paredes das áreas, corredores, escadas, banheiros, espaços nos restaurantes e até salas de reuniões para colocar painéis, adesivos, banners, displays e tantos outros locais e instrumentos.

Existem empresas que usam as cancelas de entrada e de saída de carros como mídia para o repasse de mensagens curtas, comemorativas e de cunho emocional como "Você está entrando numa das melhores empresas para se trabalhar" na entrada e, na saída, "Leve com você o orgulho de trabalhar aqui". Essas organizações não se importam que mensagens como essa sejam percebidas por visitantes, clientes, fornecedores etc. Ao contrário, entendem que isso contribui em muito para a sua imagem, com o que concordo plenamente.

Outras organizações decoram suas áreas com painéis e adesivos que contam a sua história, a evolução dos produtos e serviços e a conquista de novos mercados. Tudo isso é endomarketing e contribui para uma imagem positiva da empresa quando percebido pelo público, seja ele interno ou externo. Além de tornar o público interno um alvo de mensagens importantes, a comunicação visual por meio de diferentes mídias, empresta um colorido especial para as áreas da empresa.

Costumo dizer que as empresas estão cheias de espaços vazios que podem ser usados para endomarketing, basta mapeá-los e considerá-los em cada campanha. Além disso, os canais também devem servir como mídia, veiculando peças/instrumentos das campanhas. Abaixo, alguns exemplos de espaços nos canais que podem servir de mídia:

Cartaz impresso no espaço específico para campanhas no jornal de parede.

- Cartaz virtual intercalando notícias no mural digital.

- Anúncio na revista interna (impressa ou digital).

- Sobrecapa ou cinta na revista interna.

- Anúncio de rodapé na newsletter.
- Banner na newsletter.
- Banner de abertura no aplicativo interno.
- Banner de abertura na intranet.
- Outros.

Para atingir resultados consistentes em nível de informação e engajamento, as empresas precisam cada vez mais focar na estratégia e deixar de lado a visão antiga de que fazer endomarketing é celebrar datas comemorativas, distribuir camisetas e brindes, e realizar festas. É preciso ter consciência, também, de que comunicados e avisos do dia a dia não são suficientes para promover o engajamento do público interno, uma vez que o engajamento somente acontece quando a estratégia da empresa é comunicada de forma completa e positiva, fazendo com que os empregados a percebam e aceitem como algo que beneficia não apenas a empresa, mas as pessoas que fazem parte dela.

Com base no que foi abordado neste capítulo, relato a seguir, dois cases que representam um olhar estratégico sobre duas questões básicas do endomarketing que são: canais de comunicação com o público interno e datas comemorativas.

# Dois cases de empresas consideradas benchmarking em endomarketing

## Case 1

### SISTEMA DE COMUNICAÇÃO INTERNA AVON

Missão, crenças e propósito, inspirando uma nova arquitetura de canais e de conteúdos.

**A Empresa**

A Avon é uma empresa voltada para as mulheres, líder mundial no mercado de beleza, com uma receita anual próxima a US$ 6 bilhões (2016) e com 5.500 empregados diretos no Brasil, sendo que 42% desse público atua na fábrica e nas áreas administrativas da sede, em Interlagos, São Paulo – SP. 24% dos profissionais trabalham em Cabreúva – SP, 12% em Simões Filho – BA e 5% em Maracanaú – CE. 17% atuam no campo, em contato direto com as revendedoras.

O quadro é formado por 41% de homens e 59% de mulheres, com faixa etária de 16 a 86 anos, sendo a média geral de 36,8 anos. O tempo de casa é de aproximadamente 7 anos, demonstrando a relação duradoura e afetiva que costuma ter com seus empregados.

Do total de empregados, 62% do público interno da Avon é operacional, não tendo acesso a e-mail ou intranet para obter informações corporativas. Para esses, os meios mais acessados, até esse trabalho descrito no case ser realizado, eram o jornal mural e a revista interna impressa. Até esse momento, também, os 17% de empregados que atuam no campo não participavam de nenhuma ação de endomarketing. Fora de São Paulo, apenas 5% do quadro geral de empregados integra o time administrativo, fatia para a qual até então era direcionada a maioria dos esforços de comunicação interna.

## O momento de renovação

Em 2015, um novo posicionamento de marca, com uma mensagem única e consistente, foi lançado pela Avon: "Beleza que faz sentido". Essa crença e uma série de mensagens enraizadas na Avon Global desde sua fundação, precisavam chegar a todos os seus públicos, começando pelo público interno. Nesse contexto, a Avon desenvolveu um estudo profundo que teve como frutos a definição do propósito da área de Comunicação Interna, suas crenças e seu modo de atuação, bem como suas regras fundamentais e a nova arquitetura de canais internos de comunicação. Desde 2016, a Avon passou a substituir, em algumas campanhas de comunicação, os artigos "a" ou "o" – usados para identificar o gênero feminino ou o masculino – pelo "E", como em "todEs", designando qualquer pessoa, independentemente do gênero assumido.

## O diagnóstico

O diagnóstico de Comunicação Interna constatou que os canais de comunicação existentes tinham baixa efetividade, não atingiam a totalidade do público interno e subutilizavam as tecnologias disponíveis. Além disso, os canais internos não possuíam uma identidade visual, nem uma classificação de conteúdo que permitissem a correlação entre eles.

Alguns veículos não tinham nome ou marca que os identificasse como murais e eventos presenciais. A frequência de envio de e-mails informativos era alta, como o *Avon News*, que chegava a 50 disparos por mês em cada unidade, ou seja, uma média de 2,5 vezes por dia. Os empregados não se sentiam representados (retratados) na revista interna, exemplo da falta de identificação desse público com esse e com outros canais.

O estudo afirmou, ainda, que os conteúdos produzidos pela área de Comunicação Interna eram pouco atraentes, sem uma linguagem mais indicada para despertar interesse no leitor, ou muito distante do estilo contemporâneo de conversação.

# O PLANEJAMENTO

A análise dos dados levou a Avon a elaborar um Planejamento de Comunicação Interna que, enfatizando a cultura interna (crenças), definiu o objetivo básico de informar, e o estratégico de engajar, ou seja, a missão da área seria promover e garantir uma cultura forte e alinhada com as diretrizes estratégicas da empresa. Isso seria construído com base em três alicerces de atuação, descritos a seguir:

### 1. Relevância da informação

Segmentar as informações publicadas para que os empregados da Avon recebessem, ao entrar nos canais da empresa, somente os dados que eles queriam, ou precisavam ter. A equipe de comunicação deveria atuar como curadora das mensagens. Para as informações que os empregados queriam ter, a Avon deveria garantir o seu acesso. Para aquelas que eles precisavam ter, a equipe tinha que assegurar que o propósito de sua necessidade ficasse claro e que os empregados se sentissem atraídos por elas.

### 2. Mensagens sob a ótica do empregado da base

Utilizar, sempre que possível, os empregados da base como personagens das histórias que a comunicação publica, garantindo a representatividade de todos os públicos nos canais, proporcionalmente à quantidade de empregados por unidade.

### 3. Similaridade com hábitos de informação

Promover a transformação dos canais e conteúdos internos para os formatos mais atuais e usuais de comunicação (revistas, portais de notícia, redes sociais, instant messenger, aplicativos mobile etc.).

# O PLANO DE AÇÃO

O planejamento levou à criação do projeto **"Comunicação que Faz Sentido"**, com desenvolvimento previsto entre 2016 e 2018. A implantação teve início com:

- A arquitetura dos canais e o modo de atendimento.
- A melhoria da qualidade e criação de novas layers.
- A autogestão da criação colaborativa de conteúdo, prevista para ser difundida em 2018.

## OS DESAFIOS

Aumentar o nível de engajamento do público interno e de suas famílias por meio da informação disponibilizada nos canais de comunicação com o público interno, com base em três desafios específicos:

- Revitalizar os canais de comunicação interna em coerência com a missão, a visão, os valores e as diretrizes estratégicas da Avon.
- Definir uma linha criativa (conceitual e gráfica) para os canais da Avon que evidencie um processo único, sistemático e integrado de comunicação interna.
- Apresentar ao público interno da Avon um novo processo de comunicação interna com mais organização, proximidade, interatividade e atratividade.

## AS ESTRATÉGIAS

### Planejamento estrutural, conceitual e criativo

O planejamento estrutural, conceitual e criativo dos canais de comunicação interna foi desenvolvido e, para promover o fortalecimento da sua cultura interna, a Avon decidiu que o processo deveria seguir algumas premissas, começando por uma comunicação interna estratégica de gestão corporativa, dividida em duas dimensões: canais e líderes. O objetivo era atingir todos os segmentos de público interno e as suas famílias, priorizar a informação para aproximar a empresa dos seus empregados, além de integrar os canais, unificando a programação visual e a linguagem verbal. Além disso, o plano estimulava a realização de campanhas informativas e motivacionais, concentradas nas pessoas e coerentes com a imagem da companhia.

## Programação visual

Para criar uma percepção de organização e demonstrar a existência de um processo denominado **Sistema Avon de Comunicação Interna**, os canais precisariam estar integrados por meio de um mesmo conceito. Para isso, foi escolhido um elemento gráfico, o *brush*, imagem que representa a maquiagem – tanto no batom, quanto no lápis, ou no esmalte – e que é um ícone feminino bastante conhecido e totalmente aderente ao negócio da empresa. A partir dele, foi desenvolvida uma programação visual para todos os canais existentes e para os novos.

## Grupos de conteúdo

As mensagens internas foram classificadas em três grupos de conteúdo:

- NOSSAS MARCAS – Sobre produtos e lançamentos.
- NOSSA EMPRESA – Sobre a Avon Global, a operação no Brasil e as diversas áreas da empresa.
- NOSSA GENTE – Sobre o público interno e o dia a dia dos empregados.

## Dimensão canais

1. **REVISTA INTERNA –** mudança de nome (de *Estilo Avon* para *Faz Sentido*) e novo projeto editorial e gráfico para ampliar a sua percepção de valor. A periodicidade continuou bimestral. A nova linha editorial focou em cultura, abordando a imagem corporativa, posicionamento de marcas, conteúdos de Recursos Humanos, programas, projetos e processos da empresa. A revista ganhou papel fundamental de reforço à cultura ao trazer informações de negócio como pano de fundo, com o objetivo de tornar o funcionário e seus familiares embaixadores da marca Avon, gerando orgulho e sentimento de pertencimento.

2. **BOLETIM LOCAL** – novo canal criado para ter forte presença no ambiente operacional e reunir informações corporativas (comuns a todas as unidades) e locais (específicas da unidade e relevantes para o público interno local). Também intitulado *Faz Sentido*, tem formato A4 e é entregue, mensalmente, na entrada dos turnos para que os empregados comecem o dia bem informados.

3. **NEWSLETTER** – o *Avon News*, canal já existente, teve seu projeto editorial e suas rotinas de publicação alteradas. Sem uma periodicidade definida, o canal se configurava apenas como um e-mail informativo que podia ser encaminhado uma ou mais vezes por dia, com uma ou mais notícias. No novo modelo, assumiu as características editoriais de newsletter, divulgando notícias recentes apuradas em dias anteriores. Duas edições por semana, nas terças e quintas-feiras, para facilitar a rotina do trabalho.

4 . **NEWSLETTER EDIÇÃO EXTRA** – a edição extra do *Avon News* ganhou um formato padrão e passou a ser usada sempre que uma informação de alta relevância não puder esperar pela edição normal das terças e quintas-feiras. Critérios claros foram estabelecidos para que esse canal não seja utilizado indevidamente ou banalizado, perdendo o valor junto ao público interno.

5. **INTRANET** – de cara nova, a *Inside Avon Brasil*, Intranet da Avon, passou a concentrar todas as novidades divulgadas por meio do *Avon News*, além de informações institucionais sobre a empresa. A home tem as chamadas principais e mais recentes de cada um dos grupos de conteúdo (Marcas, Gente e Empresa).

6. **TV INTERNA** – a *Avon TV* era um canal já utilizado para comunicação com pessoal administrativo, porém sem uma organização das informações por meio de editorias. A nova proposta trouxe editorias dentro dos três grupos

de conteúdo: Nossa Gente, Nossas Marcas e Nossa Empresa. Além disso, foi criada uma testeira para os aparelhos, a fim de alinhar o layout desse canal aos demais. A abrangência dos televisores também foi revista para que toda a equipe administrativa passasse a ter acesso a eles.

7. **VIDEOMURAL –** saiu o formato de jornal mural convencional, com informações impressas, e entraram os monitores na operação. Além disso, com um vídeo wall, sistema composto por quatro monitores que formam uma grande área de exibição de vídeos e de notícias, a Avon implementou um canal mais tecnológico e dinâmico na sua sede em SP. Esse vídeo wall veicula as mesmas informações da newsletter *Avon News* e da *Avon TV*, além de outras, juntamente com conteúdos locais. A atualização é constante e imediata.

## Dimensão líder/equipe

Os eventos/rituais de comunicação líder/equipe foram revistos, ganhando novos formatos e nomes.

1. **MOMENTO AVON –** encontro trimestral promovido pela diretoria com empregados de todas as unidades que aborda temas como resultados do período, lançamentos da marca e novidades. Trata-se de uma superprodução, envolvendo apresentações musicais, decoração personalizada e uma série de outros investimentos para torná-lo efetivamente atrativo para o público interno.

2. **CAFÉ COMIGO –** evento presencial que tem o objetivo de aproximar empregados convidados, de diferentes áreas, e a alta liderança. A cada mês, é realizado em uma unidade diferente.

3. **BELEZA COM CONTEÚDO –** encontro mensal, com palestrante convidado, interno ou externo, para falar de marca, marketing e inteligência. Todos os empregados da unidade em que o evento acontece podem se inscrever.

4 . **STAFF MEETING** – reunião entre gerentes e diretores que acontece nos meses que não contam com o Momento Avon, para tratar de estratégias sobre o negócio.

5. **UPDATE AVON** – pauta gerada com base no conteúdo do Staff Meeting, que entrega informações estratégicas aos líderes para que repassem o conteúdo e mantenham suas equipes atualizadas.

### Lançamento dos novos canais de comunicação interna

No lançamento do novo **Sistema Avon de Comunicação Interna**, o conceito criado trouxe um link com as transformações estéticas das mulheres, um momento importante para elas, no qual a Avon quer estar sempre presente.

- "As pessoas mudam o batom, a atitude, o cabelo. Mudam porque precisam, porque querem, porque faz sentido. Vem aí uma nova forma de falar com você. Para você saber de tudo o que acontece na empresa de forma ágil, integrada e personalizada, tudo mais organizado".

**TEASER** – os empregados tiveram contato com teasers, no formato de depoimentos, contando porque os canais estavam mudando de visual. As peças continham a hashtag #mudarfazsentido.

**LIDERANÇA** – um dia antes do lançamento, os líderes receberam um e-mail marketing cujo conteúdo explicava o novo momento da Comunicação Interna na Avon e apresentava o **Sistema Avon de Comunicação Interna**.

**TODO O PÚBLICO INTERNO** – o novo sistema foi lançado no dia 18 de julho de 2016 para os empregados de todas as unidades. Os novos canais de comunicação interna entraram no ar ao mesmo tempo com a nova proposta visual, divulgando uma campanha que explicava cada um dos veículos e o processo como um todo. No dia 17 de agosto, aconteceu a primeira edição do Momento Avon, no qual o novo sistema foi apresentado verbalmente.

## Os resultados

Para aferir de forma consistente a percepção do público interno em relação ao novo sistema, a Avon realizou uma pesquisa interna, de 12 a 21 de junho de 2017, em suas quatro unidades. A consulta resultou em uma amostra de 951 respondentes, o que corresponde a 95% de nível de significância e menos de 3% de margem de erro. Abaixo estão alguns dos resultados que comprovam os benefícios trazidos pelo novo processo no período de um ano.

- 65,1% afirmam estar bem informados sobre o que acontece na Avon.
- 74,6% consideram as notícias que recebem importantes e interessantes.
- 63,3%, a maioria dos empregados que fazem parte da Avon há mais de um ano, sentem-se mais informados hoje do que se sentiam há um ano.
- 66,5% afirmam que o líder compartilha com as equipes informações importantes.
- 63,9% sentem-se motivados com as informações recebidas por meio do líder.
- 61% acreditam que o conceito "Beleza que Faz Sentido" está presente na forma de pensar e de agir de todos na empresa.
- 60,7% sentem-se engajados, afirmando que trabalham de forma integrada como "um time, uma Avon" para garantir os melhores resultados.
- 85,8% têm orgulho de usar e de recomendar os produtos Avon.
- Ao avaliarem separadamente cada canal de comunicação interna, os empregados Avon classificaram todos eles entre BOM e ÓTIMO, num percentual médio de 64,6%. Destaque para o vídeo mural, com 69,7% de aprovação e para a intranet Inside Avon, com 68,2% de aprovação.

As questões abertas da pesquisa evidenciaram que o grande desafio de comunicação interna da Avon – o aumento de engajamento – foi plenamente atingido. Além disso, as pessoas reconhecem a revitalização e qualificação dos canais, pois mais da metade dos participantes da pesquisa afirmou que o processo está mais organizado, próximo à realidade, interativo e atrativo. Ficou claro, também, que a mensagem original da Avon, dos seus valores e da sua cultura de empoderamento feminino foi perfeitamente alinhada a todos os pontos de contato com o público interno.

Outro resultado extremamente relevante é que a Avon, pela primeira vez em sua história, foi selecionada entre *As 150 Melhores Empresas para Você Trabalhar*, da revista *Você S/A*. Esse reconhecimento veio após a implantação de uma comunicação interna mais organizada e focada no engajamento do público interno. E não veio sozinho: além de estrear como uma das 150 empresas distinguidas, a Avon foi o grande destaque, dentre todas as participantes na categoria Employer Branding, o que demonstra que todos os seus esforços realizados internamente também foram percebidos como marca empregadora.

# Case 2

# DIA DO ELETRICISTA NEOENERGIA 2016

## A Empresa

Maior grupo privado do setor elétrico do Brasil em número de clientes, o Grupo Neoenergia tem 10,8 milhões de unidades consumidoras, atendidas por suas três distribuidoras: Coelba (BA), Celpe (PE) e Cosern (RN). O grupo atua em geração, transmissão, distribuição e comercialização de energia em 11 estados brasileiros. Na área de geração, entre ativos em operação e construção, possui capacidade instalada de 3,8 MW. É o 41º maior grupo empresarial do Brasil, de acordo com o anuário *Melhores e Maiores 2016* da *Revista Exame*. Hoje, a Neoenergia conta com mais de 6 mil empregados, dentre os quais 1.256 são eletricistas, segmento de público interno no qual foi focado esse trabalho.

## O contexto

O Dia do Eletricista é comemorado em 17 de outubro. A data homenageia o profissional técnico responsável pela manutenção e instalação da rede elétrica, garantindo a distribuição de energia para residências, empresas e espaços públicos.

Na Neoenergia, o profissional eletricista atua nas distribuidoras de energia localizadas na Bahia (Coelba), em Pernambuco (Celpe) e no Rio Grande do Norte (Cosern), em áreas como inspeção, manutenção e expansão do sistema elétrico. Eles cuidam de mais de 640 km de linhas espalhadas por 807 municípios brasileiros. São 10,8 milhões de unidades consumidoras beneficiadas diariamente pelo trabalho desses profissionais, que estão na linha de frente da operação.

## O cenário

A cada ano, em um período de outubro, mês em que se comemora o Dia do Eletricista, a Neoenergia realiza uma campanha de comunicação em homenagem ao profissional, peça-chave da área operacional das suas empresas. Na campanha, a empresa sempre procura valorizar a atuação do eletricista na sua cadeia de processos, mostrando a relevância do serviço realizado por ele. Nos últimos três anos, o dia foi celebrado com a veiculação de campanha de endomarketing nos canais de comunicação com o público interno, além da realização de um café da manhã e da entrega de uma camisa.

Em 2016, no entanto, a Neoenergia decidiu ir além e surpreender esse público. Para isso, planejou e executou uma homenagem capaz de marcar a data e a vida de cada um dos profissionais eletricistas, além de inspirar os demais empregados da empresa.

### Os desafios

Em virtude da rotina e das escalas de trabalho particulares da profissão, o eletricista não tem, de forma geral, acesso aos canais de comunicação interna digitais e aos espaços de encontro mais recorrentes na empresa, tais como reuniões de apresentação de resultados e confraternizações.

A campanha de endomarketing teria, então, que preencher essa lacuna, ainda que de forma parcial, buscando uma reação positiva e duradoura. Outro desafio era alcançar o maior número de empregados nas sedes das empresas (Celpe, Coelba e Cosern) localizadas nas capitais, e nas suas respectivas regionais, espalhadas por 19 cidades nos estados da Bahia, Pernambuco, Rio Grande do Norte e Rio de Janeiro.

### A campanha de endomarketing

A campanha de endomarketing foi construída seguindo o argumento:

*"Por trás de cada eletricista, uma história que nos enche de orgulho".*

Com esse conceito, a intenção da Neoenergia era despertar a satisfação e o sentimento de realização do eletricista, que teria a sua história e a sua voz ouvidas pela empresa como um todo, do executivo ao pessoal da base. Assim, ele sairia dos bastidores da rotina operacional para o holofote do reconhecimento, mostrando não apenas sua trajetória profissional, mas também sua história de vida e seu orgulho em ser eletricista na Neoenergia.

Para materializar o conceito, a empresa optou por definir um condutor da campanha, nesse caso, uma exposição itinerante que contaria as histórias de nove eletricistas: três da Bahia, três de Pernambuco e três do Rio Grande do Norte, representando as três distribuidoras da empresa. Em todas as frentes, o objetivo era despertar o orgulho e buscar a inspiração dos empregados, a partir dos depoimentos compartilhados.

Outra informação relevante para a construção dessa campanha foi a de que, em 2016, a Neoenergia estava internalizando, em Pernambuco (Celpe), a atividade de manutenção corretiva da rede elétrica. Essa atividade requer eletricistas em regime de plantão 24 horas por dia, 365 dias por ano, o que antes era feito por uma empresa terceirizada. Para melhoria da qualidade desse processo na Celpe, a empresa contratou cerca de 500 novos profissionais, entre outubro de 2016 e julho de 2017. O primeiro dia de trabalho da primeira turma de eletricistas contratados foi exatamente em 17 de outubro, data mais que apropriada para dar início às homenagens.

### As ações de comunicação

**ENCONTRO –** As ações de homenagem tiveram início com um encontro realizado no dia 17 de outubro de 2016, na cidade de Petrolina, em Pernambuco, local onde 50 eletricistas estavam sendo contratados e teriam o seu primeiro dia de trabalho. Esse evento foi transmitido por meio de videoconferência para as três distribuidoras, as respectivas regionais e a holding. Em cada localidade estavam presentes os eletricistas, convidados previamente por meio de convite físico, os presidentes e as lideranças da área operacional das distribuidoras. Em Petrolina, além dos eletricistas, compareceram a presidente do Grupo, o presidente da Celpe, a Diretora de

Gestão de Pessoas, o Diretor de Distribuição e o Diretor de Serviços.

Na programação, aconteceram discursos de homenagens feitos pelos executivos e depoimentos de alguns representantes dos eletricistas, incluindo um personagem da campanha.

A videoconferência foi transmitida para mais de 25 pontos em todo o país, alcançando os mais de 900 eletricistas da empresa, que receberam na entrada do evento uma camisa especial em alusão ao dia. Após o encontro, os presentes participaram de um café da manhã e, em seguida, viram a exposição em primeira mão.

**EXPOSIÇÃO –** Começando pela sede de cada distribuidora, a exposição foi realizada em sete cidades de Pernambuco, seis da Bahia, três do Rio Grande do Norte e na holding, localizada no Rio de Janeiro. Dez totens faziam parte da estrutura: um explicava a exposição e os outros nove contavam as histórias dos eletricistas por meio de um texto próximo e simples. A equipe de comunicação interna da Neoenergia viajou mais de três mil quilômetros por cidades do interior da Bahia, Pernambuco e Rio Grande do Norte para conhecer de perto as histórias dos profissionais, entrevistá-los e realizar as sessões de fotos. Juazeiro (BA), Feira de Santana (BA), Currais Novos (RN), Pau dos Ferros (RN), Águas Belas (PE) e Belo Jardim (PE) foram as cidades visitadas.

**CATÁLOGOS –** Foram distribuídos 2.500 catálogos nas cidades visitadas pela exposição. O material continha as mesmas histórias registradas nos totens. Juntamente com o catálogo, os personagens receberam um CD com todas as fotos produzidas para a campanha.

### Os canais de comunicação

O tema da campanha também foi desdobrado nos canais de comunicação com o público interno. Foram providenciadas peças para o jornal de parede (trio de cartazes), para divulgação via e-mail (e-mail marketing), newsletter, TV corporativa e na página especial na intranet.

## Os resultados

Cerca de 5 mil empregados tiveram contato com as histórias dos eletricistas, seja por meio da exposição física, que visitou 17 cidades, pelos catálogos ou pelos canais de comunicação com o público interno, especialmente a página especial disponibilizada na intranet, acessada cerca de mil vezes.

A ação foi percebida pelos personagens e demais empregados como uma maneira eficaz de reconhecer o trabalho da força operacional e de contribuir para a melhoria do clima organizacional.

A campanha surpreendeu e trouxe orgulho e inspiração para os públicos alcançados, principal objetivo da Neoenergia.

# 6 A marca como empregadora

**S**egundo o *Dicionário de Negócios & Gestão*, marca é "um nome, sinal ou símbolo usado para identificar produtos ou serviços do vendedor para diferenciá-lo dos produtos concorrentes."

O employer branding é o ato de desenvolver a imagem da marca, enquanto empregadora, na mente dos profissionais que estão no mercado – que a empresa deseja conquistar –, e dos empregados que ela já possui. Assim, a imagem de marca é trabalhada por meio de ferramentas de endomarketing, o que faz com que as pessoas percebam a empresa como a melhor para se trabalhar.

## Como posicionar a marca como empregadora

Chegamos então a uma parte importante deste livro, que é a abordagem sobre a construção e a comunicação de *EVP – Employee Value Proposition*, partindo do trabalho realizado pela profissional Andressa de Medeiros Brum. Neste capítulo, tanto a pesquisa quanto as recomendações são dela.

O *EVP – Employee Value Proposition*, também chamado de Proposta de Valor ao Empregado ou Proposta de Valor ao Colaborador, vem ocupando espaço no mercado como uma estratégia de recursos humanos e de endomarketing baseada na necessidade e na preferência do público interno em relação àquilo que as empresas oferecem, ou podem oferecer aos seus empregados, trazendo resultados no que se refere à atração e à retenção de talentos.

Podemos dizer, também, que o *EVP* é a ferramenta ou a estratégia utilizada para gerar a Proposta de Valor ao Colaborador. Independente da expressão usada – *EVP* ou Proposta de Valor ao Colaborador –, estou me referindo a tudo aquilo que torna a empresa desejada pelos talentos que ainda não estão trabalhando nela e adorada por aqueles que já estão.

Para a jornalista Julie Knudson, que escreveu matéria sobre esse assunto na *Credit Union Management Magazine*, a criação de uma Proposta de Valor ao Colaborador visa responder a duas perguntas:

- Por que um profissional deveria investir os seus esforços em uma determinada empresa?

- O que essa empresa oferece para que o profissional represente a sua marca, demonstrando que as oportunidades se estendem, além da remuneração, a um lugar no qual ele realmente possa fazer a diferença?

Já para o escritor Mclean-Conner, o *EVP* é a representação do acordo entre o empregador e o empregado, levando em consideração a finalidade da empresa, a sua cultura e as suas estratégias de recompensa, sendo elas financeiras ou não.

Pesquisas realizadas sobre esse assunto mostram que as empresas gastam duas vezes mais para contratar um candidato externo do que gastariam para reter ou encontrar uma substituição interna. Elas mostram, também, que uma empresa que utiliza o seu *EVP* de maneira eficaz, conta com empregados cinco vezes mais engajados e está duas vezes mais propensa a atingir maior desempenho financeiro do que as empresas que ainda não investem nisso. Essas pesquisas revelam, ainda, que as empresas que desenvolvem uma Proposta de Valor ao Colaborador estruturada, são classificadas e percebidas pelos seus públicos como diferenciadas, equilibradas, compreensivas, orientadas ao negócio e, principalmente, voltadas aos seus empregados.

Além disso, várias matérias e artigos defendem o *EVP* como uma das melhores ferramentas de endomarketing disponíveis para que as empresas engajem seus empregados, além de atrair e manter os melhores talentos do mercado.

No Brasil, segundo pesquisa realizada pela Towers Watson com 92 empresas no ano de 2015, as organizações que constroem e adotam uma Proposta de Valor ao Colaborador são as mesmas que realizam grandes investimentos em gestão de pessoas, porém apenas 16% (percentual que deve ter aumentado nos últimos dois anos) possuem uma proposta formal e consolidada.

Ao se valer de ferramentas como essa, as empresas se tornam referência no mercado, pois demonstram a busca permanente pela motivação do seu público interno e investem em técnicas que levam a uma maior atração e retenção de seus talentos.

A partir das afirmações acima, a questão que se coloca e que foi estudada pela profissional Andressa de Medeiros Brum é:

## como o *EVP* pode ser utilizado para atrair e reter talentos por grandes empresas?

No Brasil, o tema ainda é pouco explorado e utilizado, pois muitas empresas ainda não têm clareza sobre quais são os itens valorizadas por possíveis e potenciais empregados. Isso dificulta o processo de construção e comunicação do *EVP*, uma vez que ele precisa ser uma verdade, ou seja, tem que representar aquilo que as pessoas valorizam na empresa como empregadora. Sem essa clareza, algumas empresas chegam a criar uma promessa e a estabelecer um acordo formal no momento da contratação, mas encontram dificuldades para cumprir com o acordo, o que acaba gerando a não atração, a desmotivação e a falta de engajamento.

O fazer de forma superficial, sem pesquisas e conteúdos de sustentação é uma realidade que se intensificou com o momento de instabilidade política e, principalmente, econômica que o Brasil está vivendo. As empresas enfrentam o desafio de "fazer mais com menos", o que deverá permear o seu funcionamento administrativo e operacional ainda por algum tempo. Dentro desse contexto, houve movimentos de *EVP* que não deram certo, frustrando algumas empresas.

As iniciativas para a motivação e o engajamento do público interno como programas de reconhecimento, de incentivo, de desenvolvimento, assim como campanhas de endomarketing, celebrações etc. também são alguns dos itens cortados pelas empresas em função da crise, o que dificulta ainda mais a construção de uma proposta de valor.

Em contrapartida, esse cenário de dificuldades acaba gerando um espaço para que o *EVP* seja percebido como um grande aliado da empresa. O investimento necessário para atrair e selecionar um talento, associado ao fato de que um novo empregado leva dois anos para produzir o mesmo que o seu antecessor, são suficientes para que as empresas percebam o quanto é importante possuir uma Proposta de Valor ao Colaborador estruturada e atrativa.

Por meio do *EVP*, as organizações que estabelecerem as prioridades certas baseadas no que os empregados valorizam, podem contribuir significativamente para fornecer a eles uma sensação de maior controle sobre suas carreiras. Afinal, quando bem estruturada, a proposta aumenta a percepção de segurança e de estabilidade dentro da empresa, gerando o que todas as organizações buscam: empregados motivados e engajados para desempenharem suas funções, rendendo mais e melhor.

## Atração, engajamento e retenção

Se o objetivo de uma Proposta de Valor ao Colaborador pode ser resumido a atrair, engajar e manter talentos, é importante que se entenda a realidade desses fatores, pois eles representam grandes desafios das empresas em nível de gestão de pessoas.

A **atração**, também chamada de **recrutamento**, acontece quando a empresa se dispõe a localizar pessoas que possam trabalhar na empresa e que possuem potencial para isso, incentivando-as a se candidatarem a uma vaga que já existe ou que será criada. O recrutamento é a primeira etapa para uma contratação, que é finalizada com o contrato definitivo após o período de experiência.

No começo dos anos 2000, esse processo acontecia por meio da indicação de candidatos por parte daqueles que já trabalhavam na empresa, cartazes ou anúncios na portaria, contatos com sindicatos e associações de classe, contatos com universidades, escolas, agremiações estaduais, diretórios acadêmicos e centros de integração empresa-escola, palestras em universidades e escolas, anúncios em jornais e revistas, agências de recrutamento e seleção, e até viagens para movimentos de atração em outras localidades. Hoje, algumas dessas técnicas ainda são utilizadas, mas a maior parte das empresas busca *headhunters* e redes sociais como meios, sendo o LinkedIn a plataforma escolhida pela maioria.

Recentemente, surgiu o *Blind Recruitment* (recrutamento cego), que consiste em remover informações pessoalmente identificáveis dos currículos dos candidatos como nome, gênero, idade, educação e número de anos de experiência na atividade para a qual está se candidatando. Essa técnica surgiu em função de alguns estudos que evidenciaram realidades como, por exemplo, o fato de uma pessoa com um nome étnico precisar enviar 50% mais currículos do que pessoas com um nome comum, antes de receber um retorno dos recrutadores. Algumas grandes empresas já usam o *Blind Recruitment.*

Entre os fatores que contribuem para a atração de talentos estão os pacotes de benefícios e de incentivos, além da força da marca no mercado. As pessoas, em geral, desejam trabalhar para grandes marcas e, quando conseguem, pode acontecer de aumentarem a admiração que já tinham por ela e passarem a representar esse sentimento. Além da marca, outra questão que contribui para a atração é a boa reputação da empresa no mercado.

**O recrutamento interno,** diferente do esforço anterior, é um processo que se resume aos empregados que já fazem parte da empresa com o objetivo de promovê-los ou realizar o deslocamento horizontal, passando-os para uma outra área ou atividade, porém dentro do mesmo nível. Esse processo, sem dúvida alguma, contribui para o engajamento do público interno, pois demonstra a disposição da empresa em reconhecer o desempenho dos seus empregados, criando perspectivas de carreira. Mas esse é um processo que depende, principalmente, da pessoa querer permanecer na organização. Além de facilitar o recrutamento de pessoas mais qualificadas e já ambientadas, esse movimento é rápido, sem custo de admissão para a empresa e com boas possibilidades de sucesso.

Entretanto, o escritor Idalberto Chiavenato argumenta que um processo de recrutamento interno pode bloquear a entrada de novas ideias e experiências, facilitando o conservadorismo e favorecendo a rotina instalada. Com isso, a alteração do capital humano da organização não acontece, tornando-se vantajoso apenas para empresas burocráticas que possuem processos em excesso, que mantêm e conservam a cultura organizacional existente e que funcionam como um sistema fechado de reciclagem contínua.

**O engajamento** depende de uma série de fatores, vários deles abordados neste livro e, entre eles, o cumprimento da promessa feita no momento da contratação. O engajamento é decorrente, também, da capacidade da empresa em se vender para dentro, de forma permanente.

**A retenção** é um processo bem mais difícil, pois depende de manter o empregado engajado e satisfeito com a empresa em diferentes aspectos. Mas, apesar de difícil, é da máxima importância para a sobrevivência da organização, em função do alto custo da rotatividade. Quando perde um talento para o mercado, a empresa perde todo o investimento em conhecimento feito ao longo do período de trabalho, além da experiência profissional.

O processo de retenção está diretamente associado ao engajamento, ou seja, à capacidade que a empresa possui de entregar ao seu empregado a mesma experiência que disponibiliza para o seu consumidor final. Desde o momento em que passa pela portaria da empresa no primeiro dia de trabalho até o momento em que percorre os seus corredores pela última vez, tudo o que uma pessoa vivencia no ambiente corporativo são experiências que impactam a sua vida dentro e fora da empresa. Isso inclui questões físicas, profissionais, sociais e emocionais.

A verdade é que as pessoas não querem esperar para serem felizes, tanto na vida pessoal quanto no trabalho, além de não separarem mais uma coisa da outra. Quando insatisfeitas, mudam de emprego ou seguem o seu instinto/sonho empreendedor.

Um fator que contribui para a retenção, assim como para a atração e o engajamento, e provavelmente com a mesma força, é a imagem de marca. Mas sabemos que não basta apenas ter uma marca forte, uma boa remuneração, benefícios e incentivos. Existem outros fatores envolvidos, além da necessidade de comunicá-los de forma permanente e eficaz.

Os últimos anos trouxeram um aumento no interesse das empresas pelo engajamento do seu público interno e, com isso, muitos estudos foram feitos sobre o apego intelectual e emocional que uma pessoa tem com o seu trabalho. Obviamente, esse envolvimento compreende aspectos racionais e emocionais que representam o que elas pensam e sentem em relação ao que fazem e à empresa na qual atuam. Isso foi abordado nos primeiros capítulos, quando me referi à necessidade de incentivar as pessoas a encontrarem sentido e significado naquilo que fazem.

Os aspectos racionais têm a ver com a importância da empresa no mercado e o que ela oferece de vantagens para o seu empregado. Já os aspectos emocionais têm a ver com o quanto a pessoa se sente importante para a empresa e até que ponto o seu trabalho está a serviço de uma causa.

Muitas empresas estão perdendo a oportunidade de atrair os melhores talentos, engajá-los e retê-los, melhorando o seu desempenho financeiro a partir do envolvimento racional e emocional que pode ser provocado por um bom processo de *EVP*. Uma das razões para isso é a falta de um plano de longo prazo para realmente entregar e obter o máximo dessa proposta, usando-a como um guarda-chuva para tudo o que a empresa faz pelo seu público interno. Afinal, uma Proposta de Valor ao Colaborador nada mais é do que uma oferta específica de trabalho composta de atributos que transmitem uma percepção positiva sobre a empresa como marca empregadora. É esse valor percebido que diferencia uma empresa da outra, tornando-a mais atrativa para quem está buscando uma oportunidade de trabalho e para quem já atua nela.

**Sob o ponto de vista do empregado**, uma empresa boa para se trabalhar é aquela que oferece o melhor pacote de benefícios e de incentivos, além de ter uma marca forte, uma cultura valorizada e um ambiente saudável. Se nessa empresa, a pessoa conseguir fazer o que gosta e ainda perceber sentido no seu trabalho, a identificação será completa.

**Sob o ponto de vista da empresa**, a Proposta de Valor ao Colaborador é um pacote de vantagens que ela oferece para atrair, integrar, engajar e reter seus talentos, otimizando o investimento em recursos humanos e trazendo mais resultados para o negócio.

Se olharmos para a expectativa das pessoas em relação ao empregador ideal, nos daremos conta de que dificilmente uma empresa conseguirá oferecer tanto. Assim, é mais correto olhar para a Proposta de Valor ao Colaborador como aquilo que a empresa tem condições de oferecer e com o que pode se comprometer. Até porque, mesmo que uma empresa proporcione tudo o que as pessoas esperam, é preciso comunicar dentro de um raciocínio único, conforme abordarei ainda neste capítulo, por meio de cases de construção de uma proposta de valor. Além disso, se levarmos em consideração as diferentes gerações, veremos que existem diferenças em relação ao que as pessoas valorizam.

**A Geração X** se importa mais com uma remuneração competitiva em relação ao mercado, certamente devido à fase de vida em que se encontra. Em geral, pessoas nessa faixa etária tendem a ter mais responsabilidades e precisam garantir a renda para se manter e para prover a família.

**Os *millennials***, entre outras coisas, querem ser reconhecidos e valorizados. Embora a necessidade de reconhecimento e valorização estejam presentes em todas as pessoas, esse anseio aparece de forma muito mais acentuada nos jovens, especialmente da Geração Y, pelo desejo natural que sentem em provar a sua capacidade, em alguns casos com uma obstinação maior do que as pessoas mais experientes. Segundo uma pesquisa da US Chamber of Commerce, os *millennials* exigem duas vezes mais o equilíbrio entre a vida pessoal e o trabalho do que a geração X, além do fato de que isso guia as suas escolhas em relação à carreira.

Outra pesquisa, da MSW Research, concluiu que os *millennials* que participam de atividades voluntárias no ambiente de trabalho sentem-se mais satisfeitos e possuem um índice maior de fidelidade em relação à empresa. 51% dos *millennials* disseram que o voluntariado os beneficia profissionalmente. Mas quem as empresas precisam conquistar neste momento? Certamente os *millennials*, incluindo os representantes da Geração Z que está entrando no mercado como participantes de programas de estágio e de trainee.

**Os representantes da Geração Z**, considerados "novatos" para os quais não existe uma data definida (alguns autores colocam como pessoas nascidas a partir de 1995) é um público altamente conectado que está começando a se apresentar nas empresas, trazendo novos anseios e objetivos de carreira. Mas o que eles querem e o que os diferencia das gerações anteriores? Uma pesquisa realizada recentemente pela Robert Half em parceria com a Enactus com 770 jovens da Geração Z traz seus sonhos de carreira. O relatório sobre esse levantamento mostra que eles desejam:

**Menos Vale do Silício e mais Mad Men** – Nem escritórios abertos, nem startups estreladas. Empresas médias são o local ideal para 41% dos entrevistados. 38% desejam trabalhar para grandes companhias. Apenas 14% disseram que uma startup é o ambiente ideal. A pesquisa também revela que 45% dos jovens da Geração Z preferem trabalhar em salas individuais a dividir espaços com colegas de trabalho. Em relação à comunicação, a geração que cresceu se relacionando por meio de mensagens surpreende: 74% disseram preferir uma conversa face a face, o que mostra que a comunicação líder/equipe será cada vez mais importante.

**Mais realistas?** – A maioria (77%) acredita que terá que se esforçar mais do que as gerações precedentes para conquistar uma vida profissional plena e satisfatória. Mas sem descuidar do equilíbrio entre vida pessoal e profissional, que é a principal preocupação para 28% dos jovens da Geração Z. Ganhar dinheiro é a segunda maior preocupação, com 26% das respostas dos jovens, e garantir um emprego estável é o que desejam 23% dos participantes da pesquisa.

**Quatro empresas no currículo** – Uma das principais reclamações a respeito do comportamento profissional da Geração Y é a falta de vínculo com as empresas e as constantes trocas de emprego, o que gera um grande *turnover* e consequentes custos para as empresas. Os jovens da Geração Z não seguem esse modelo. Eles querem trabalhar para uma média de quatro empresas ao longo da carreira, segundo a pesquisa. A estabilidade na empresa depende, no entanto, de um componente importante que é o crescimento profissional. Em cinco anos, 32% dos jovens espera já estar gerenciando equipes. A aposentadoria aos 60 anos seria ideal para um terço dos jovens, mas apenas 17% acreditam que será possível.

**O cargo pouco importa** – Gerente, diretor, presidente. A nomenclatura não sobe à cabeça da Geração Z. Apenas 3% citou cargos como objetivos primordiais de carreira. Mais importante do que a posição é o caminho até ela. A oportunidade de crescimento profissional está entre as três prioridades de carreira mais lembradas por 64% dos entrevistados.

**Chefes íntegros** – Honestidade e integridade são as características mais buscadas nos chefes, segundo 38% da Geração Z. A vontade de ensinar e de compartilhar experiências também é valorizada. 21% citam a capacidade de mentorar como essencial em um gestor. Até 2020, os representantes da Geração Z já serão 20% da força de trabalho nas empresas, motivo pelo qual elas precisam se esforçar para desenvolver uma comunicação cada vez mais alinhada com os novos tempos, por meio de uma linguagem moderna e impactante. Afinal, a Geração Z será, dentro de pouco tempo, o principal alvo da atração de talentos.

Uma matéria da revista *Você RH* de 2017, coloca como atributos mais valorizados pelos empregados latinos:

**PARA ATRAÇÃO**

- Compensação (vida profissional X vida pessoal).
- Estabilidade organizacional.
- Respeito.
- Oportunidades de desenvolvimento.
- Ética.

**PARA RETENÇÃO**

- Oportunidades futuras.
- Compensação (vida profissional X vida pessoal).
- Oportunidades de desenvolvimento.
- Reconhecimento.
- Gestão de pessoas.

Segundo essa matéria, se bem feito e bem comunicado, o *EVP* pode reduzir em 50% o gasto necessário para recrutar um candidato, melhorar o comprometimento de um empregado em 30% e elevar a retenção de talentos em 40%. Entretanto, a mesma matéria afirma que 62% das empresas falham em gerir a sua Proposta de Valor ao Colaborador, sem conseguir que ela realmente contribua para atrair, engajar e reter o empregado.

O desenvolvimento do *EVP* se tornou a peça-chave para o sucesso de um processo de atração de talentos, deixando de ser apenas mais uma opção. Além de atrair candidatos externos, uma proposta de valor constrói e reforça a imagem interna de uma empresa, colocando dentro desse pacote sua visão, cultura, práticas de trabalho, estilo de gestão e oportunidades de crescimento.

São muitas as definições encontradas na pouca literatura existente, algumas inclusive complementares. As poucas divergências estão associadas aos pilares, ou seja, aos atributos que são incluídos e percebidos como valor. Entretanto, é importante lembrar que a construção dos pilares de um *EVP* pode acontecer a partir daquilo que o empregado percebe como valor ou, de uma forma mais imperativa, a partir daquilo que a empresa acredita que o seu público interno valoriza.

Para Brian K. Heger, o *EVP* é o valor ou o benefício percebido pelo empregado ao servir como membro de uma empresa, sendo que é ele quem determina para si o quanto esse valor é competitivo. De maneira simplificada, é o valor que o empregado coloca na sua experiência de trabalho dentro da empresa.

Para Tynan Barton, no entanto, o *EVP* serve para recrutar e selecionar profissionais, oferecendo a eles uma gama de benefícios como recursos financeiros e novas experiências, além de recompensas pessoais e específicas. São pilares que devem ser decididos pela empresa e podem variar, desde recompensas de saúde e bem-estar, à folga remunerada, assim como regalias que melhoram a experiência da pessoa no ambiente de trabalho. Dentro desse contexto, os benefícios aparecem com uma importância bastante considerável, especialmente por parte das novas gerações Y e Z. Segundo pesquisa da Forbes, 56% dos *millennials* afirmam que o pacote de benefícios influencia suas escolhas nas empresas. Um número ainda maior (63%) cita os benefícios como a razão para ficar na empresa.

## Como construir uma Proposta de Valor ao Colaborador

Embora os processos implementados ainda sejam muito recentes, é possível sugerir etapas a serem seguidas pelas empresas que desejam construir o seu *EVP*. São elas:

- Identifique a equipe que trabalhará na construção do *EVP*, contemplando profissionais de Recursos Humanos e de Comunicação Social/Marketing.
- Busque referências e faça benchmarking. Com esses movimentos, a empresa encontrará diferentes configurações, reconhecendo aquela com a qual mais se identifica.

- Defina os públicos que serão pesquisados, sendo os principais: profissionais do mercado que representem candidatos potenciais e profissionais que já trabalham na empresa.

- Levante junto a esses públicos informações sobre o que os levaria, ou os levou, a trabalhar na empresa e/ou a permanecer trabalhando nela. Nesta etapa, é importante identificar os níveis de emoção e de desejo em relação à marca da empresa. Isso pode ser feito por meio de entrevistas e/ou grupos focais.

- Faça uma análise das respostas obtidas. Caso não seja possível chegar a uma conclusão, retorne ao público pesquisado e use a técnica projetiva, solicitando que desenhem o que esperam da empresa enquanto marca empregadora. A partir daí, faça uma análise comparativa dos dois movimentos.

- Transforme as conclusões em pilares sobre os quais possam estar grandes iniciativas, programas e projetos da empresa. Além disso, estabeleça uma relação com o propósito, com a força da marca e com os programas de reconhecimento existentes.

- Dê uma redação adequada e moderna a esses pilares, a fim de que eles possam ser comunicados de forma clara e sensibilizadora.

- Contrate uma empresa criativa capaz de colocar a proposta de valor e seus pilares dentro de uma identidade visual e verbal que desperte a atenção e encante os públicos externo e interno.

- Faça o lançamento da proposta de valor internamente, sem esquecer de, primeiro, apresentar toda a estratégia às lideranças, para envolvê-los.

- Estabeleça e mantenha uma conexão entre a proposta e todo o processo de endomarketing para que ela se faça presente, senão em todos, na maior parte dos seus movimentos.

As etapas acima foram definidas a partir da experiência adquirida pela Andressa e eu nos processos de *EVP* com os quais temos nos envolvidos em alguns dos clientes que atendemos.

Mas o escritor McLean-Conner resume o caminho para se estabelecer uma Proposta de Valor ao Colaborador em três passos: definir, comunicar e refinar. O refinamento é importante para que o *EVP* tenha sustentabilidade e relevância a longo prazo, sendo atualizado constantemente a partir da percepção dos empregados.

### Definir

Para se definir a Proposta de Valor ao Colaborador, é preciso fazer uma pesquisa com o objetivo de identificar o que é importante para os empregados e sustentável para a organização, visando entender, não apenas o que a força de trabalho necessita, mas o que a empresa pode e/ou está disposta a oferecer. Dessa maneira, a pesquisa tem que levantar dados sobre quem compõe o público-alvo para a formação dos talentos necessários e quais são as expectativas e motivações dos candidatos nesse mercado.

A nossa experiência mostra que devem ser ouvidos, tanto candidatos potenciais do mercado, quanto empregados que possuem diferentes tempos de empresa, embora muitas organizações optem por realizar a pesquisa apenas internamente. Existem, também, as empresas que não realizam a pesquisa, pois têm certeza de qual é a sua Proposta de Valor ao Colaborador e a definem sem consultar públicos potenciais, lançando-a, tanto para o mercado, quanto internamente.

Costumo dizer que, em endomarketing, não existe o certo e o errado. O que existe é aquilo que melhor se adapta a uma determinada empresa e ao momento que ela está vivendo. Portanto, a ideia aqui não é entregar uma fórmula, mas mostrar que existem diversos caminhos para se chegar a uma Proposta de Valor ao Colaborador e que a realização ou não de uma pesquisa, assim como o tipo de levantamento realizado, não garante o seu sucesso. Mas, se a empresa decidir pela pesquisa, dentro de uma perspectiva de dados internos, é importante a coleta de informações sobre a demografia do público interno, completando com uma análise de segmentação.

A pesquisa deve ser realizada a partir de entrevistas com vários grupos de empregados, partindo das lideranças até o pessoal de linha de frente e de base, administrativos e operacionais, para entender o que importa em suas experiências de trabalho, além da sua opinião sobre a marca, o propósito e os valores da empresa. Através da metodologia de *focus group*, a pesquisa e o diagnóstico podem ser executados por um consultor externo ou por uma agência de endomarketing, que certamente trarão uma experiência significativa para a realização do trabalho. O empregado, por sua vez, precisa se sentir livre para fazer comentários, a fim de se obter informações mais verdadeiras e relevantes.

A Sibson Consulting criou um modelo de "Recompensa de Trabalho" que mostra os elementos de recompensa e o processo de criação de um quadro claro e formalizado para a construção de uma estratégia global que se traduz em uma Proposta de Valor ao Colaborador. Segundo essa abordagem, as recompensas, tanto financeiras, quanto não financeiras, são priorizadas de acordo com as necessidades e as preferências dos segmentos-chave de talentos em uma empresa.

**ATRIBUTOS
EMPLOYEE VALUE
PROPOSITION**

Nessa figura, a Proposta de Valor ao Colaborador é formada por cinco atributos:

**REMUNERAÇÃO** – Representa o pagamento financeiro que o empregado recebe pelo seu trabalho e pelo seu desempenho.

**BENEFÍCIOS** – Refere-se à remuneração não financeira, incluindo saúde, aposentadoria e folgas.

**SATISFAÇÃO NO TRABALHO** – São os níveis de satisfação que os empregados sentem com o trabalho que executam.

**CARREIRA** – Tem a ver com as oportunidades de longo prazo que os empregados possuem de desenvolvimento e de progresso.

**IDENTIDADE E CULTURA** – É o sentimento de pertencimento dos empregados em relação à empresa.

Considerei importante publicar o quadro desenhado pela Sibson Consulting porque esses cinco elementos são como a estrutura de um esqueleto que, associada ao resultado da pesquisa, permite que a empresa entenda e projete a sua Proposta de Valor ao Colaborador, corrigindo as lacunas que existem entre as aspirações da empresa e do empregado, de forma que o *EVP* seja verdadeiro para os dois lados. Assim, a Proposta de Valor ao Colaborador será apresentada por meio de pilares que definem claramente o que o empregado recebe da empresa em termos de ambiente, pessoas, oportunidades e recompensas, bem como o que o empregado pode oferecer em troca. Entendo que a formatação por meio de pilares é a ideal, pois organiza a informação na mente do consumidor: candidatos a emprego e empregados.

Assim, para ser competitiva, a Proposta de Valor ao Colaborador de uma empresa deve estar centrada em atributos (pilares) que representem uma diferenciação competitiva e estejam organizados de forma estratégica. A partir daí, a empresa alinha os seus investimentos em gestão de pessoas com os atributos definidos pelo *EVP*.

## Comunicar

A empresa precisa garantir que seus empregados estejam cientes de todos os aspectos da sua Proposta de Valor ao Colaborador, primeiro fazendo o seu lançamento e, depois, alinhando o discurso e a prática de comunicação a ela.

**Internamente**, a Proposta de Valor ao Colaborador deve ser resumida em uma promessa e comunicada como um pacote de motivos capazes de engajar e reter os atuais empregados. A este pacote podem ser atribuídas uma linguagem "vendedora" e uma programação visual que a represente, de preferência utilizando formas e ícones modernos, que sejam de fácil assimilação e lembrança.

A disseminação deve acontecer por meio de uma campanha de endomarketing de longo prazo, cujo objetivo será exclusivamente o de vender a Proposta de Valor para o público interno. Essa campanha poderá gerar instrumentos para serem veiculados periodicamente, reforçando o pacote.

A continuidade do processo de comunicação será determinado pela presença do *EVP* nos esforços de endomarketing, o que significa associar ao processo todos os elementos criados para identificar a Proposta de Valor. Assim, o endomarketing estará a serviço desse pacote, garantindo a sua utilização de modo regular e contínuo nos movimentos internos realizados pela empresa, além de estar presente nas ferramentas e espaços de recrutamento, seleção e integração de novos empregados.

**Externamente**, a empresa deve passar a contemplar esse pacote nos instrumentos de comunicação utilizados para atrair os talentos nos processos de recrutamento e seleção (anúncios, cartazes, banners, etc.). Algumas empresas, inclusive, colocam a sua Proposta de Valor em evidência nas salas onde são realizadas as entrevistas com candidatos. Assim, ao serem entrevistados, os profissionais têm a oportunidade de visualizar a promessa da empresa.

Após as etapas de lançamento e de disseminação e a definição da sua presença nos movimentos de atração, a Proposta de Valor ao Colaborador terá que ser sustentada, revista e refinada de forma permanente para se adaptar, tanto às mudanças do mercado, quanto às mudanças relacionadas com o comportamento do público interno.

### Refinar

Por meio dessas estratégias, a Proposta de Valor ao Colaborador se caracterizará como um importante fator de sucesso para a gestão de pessoas nas empresas. Mas, para que se consolide, será preciso uma revisão permanente, avaliando se o pacote da empresa continua competitivo no mercado, se a promessa está sendo cumprida internamente e, também, se continua contribuindo para o *employer branding*.

### Resultados

A motivação das empresas para implementar uma Proposta de Valor ao Colaborador e as expectativas que possuem em relação a ela, estão diretamente relacionados ao clima organizacional e aos ganhos financeiros.

Pelo fato de o conceito ainda não ser bem difundido e conhecido no mercado brasileiro, a mensuração dos resultados também é apontada como um desafio, pois ainda não se encontram publicados indicadores que possam contemplar uma Proposta de Valor ao Colaborador por inteiro. Consequentemente, pode acontecer de ser gerada uma frustração nas empresas, pois se trata de uma estratégia cujos resultados devem acontecer a longo prazo, além da difícil quantificação em relação aos ganhos decorrentes dela.

Entretanto, após o término da implementação, a mensuração é um ponto que realmente não pode ser esquecido pelas empresas. Elas podem, inclusive, criar esforços qualitativos e quantitativos adequados para a avaliação dos resultados, sem que sejam necessárias referências de mercado. No caso de um esforço qualitativo, a empresa poderá levantar sentimentos e percepções do público interno que lhes permitam confirmar se os empregados se mantém engajados a programas, projetos e processos, e se pretendem permanecer trabalhando nela. No caso de um esforço quantitativo, a empresa poderá avaliar os índices de favorabilidade de cada um dos pilares criados para representar o seu *EVP*.

Ainda sobre mensuração, é imprescindível que as empresas monitorem seus índices de rotatividade e de absenteísmo, além da sua capacidade de atração e seleção dos talentos que deseja conquistar, de forma a assegurar a competitividade da Proposta de Valor.

Quando o *EVP* não é bem desenvolvido, implementado, comunicado e sustentado, o que se estabelece é a falta de credibilidade decorrente da promessa não cumprida. Para que a frustração, a decepção e a desistência não aconteçam, o cuidado com essas etapas é primordial.

No seu TCC – Trabalho de Conclusão do Curso de Administração de Empresas, com especialização em Marketing –, a profissional Andressa de Medeiros Brum entrevistou cinco gestores de Recursos Humanos, que contaram sobre como foi a construção e a implantação do *EVP* nas empresas em que atuam. A seguir estão algumas frases desses cinco gestores que representam suas percepções em relação ao processo.

*"Somos uma empresa com alta rotatividade. Esse entra e sai de funcionários traz impacto na folha. A nossa Proposta de Valor ao Colaborador foi implementada para reduzir custos de rescisão e de contratação."*

*"Implantamos o EVP porque somos uma empresa totalmente movida por metas e objetivos. Além disso, aqui tudo vem do propósito. Os desafios são muito grandes e vimos no EVP a oportunidade de termos uma relação mais próxima com o público interno e, principalmente, de organizar essa relação".*

*"Entre os nossos objetivos com o EVP estavam: uma maior facilidade e uma redução no tempo de fechamento de cada vaga, além da melhoria do processo de retenção com uma redução dos índices de turnover".*

*"As dificuldades iniciais que tivemos foram relacionadas com o processo de entender o conceito e aplicar depois. A outra dificuldade foi o alinhamento com os líderes".*

*"A dificuldade que eu percebo é mais estratégica. Tenho dúvidas sobre como mensurar. Afinal, quais são os indicadores que mostram se estou fazendo um bom trabalho de EVP ou não?"*

*"Olhamos para tudo o que a gente fazia em RH, o que tinha força, o que tinha mais peso e o que era mais reconhecido pelo nosso colaborador. Usamos, para isso, os dados coletados na pesquisa de engajamento e no processo de recrutamento e seleção. Fizemos esse estudo e construímos quatro pilares, que representam o diferencial da nossa marca como empregadora".*

*"Quando vamos para o mercado, falamos que a nossa empresa é séria, com missão, visão e valores estratégicos definidos, investimos na carreira e na sucessão, treinamos as nossas pessoas e ainda investimos na remuneração por meritocracia, ou seja, quem trabalha melhor ganha mais. Essa é a nossa Proposta de Valor ao Colaborador".*

*"É muito importante montar a estratégia, fazer um lançamento robusto e, principalmente, medir o antes e o depois do lançamento."*

*"Definimos quais seriam os pilares e, depois, criamos o selo que caracteriza a nossa marca empregadora, que diz qual é a nossa promessa real ao empregado, que representa o nosso EVP".*

*"Criamos um posicionamento interno que tinha como objetivo representar a nossa Proposta de Valor ao Colaborador, da atração à aposentadoria. Era o que a gente queria para a nossa marca empregadora. Mas ficou tão bom, que a gente decidiu que ele ia assinar toda a nossa comunicação interna".*

*"Depois de criar a nossa Proposta de Valor ao Colaborador, fomos olhar para tudo o que a gente tinha internamente em termos de comunicação: onde essa proposta poderia colar, ser explorada, ser realmente potencializada... ".*

*"A nossa Proposta de Valor ao Colaborador foi lançada por meio dos canais de comunicação interna. Depois, alinhamos toda a comunicação a partir dela. Tudo o que fazíamos em comunicação, todos os esforços passaram a ser atrelados aos três pilares da Proposta".*

*"Conseguimos resgatar o brilho no olho do funcionário. Eles se sentiram parte da empresa e entenderam que aquilo tudo era verdadeiro. Sentimos o funcionário mais engajado e participando das campanhas. Toda a comunicação da empresa estava alinhada com o EVP, o que facilitou, também, a seleção de pessoal, pois os próprios funcionários passaram a indicar pessoas, falando bem da empresa a partir do conteúdo da nossa Proposta de Valor".*

*"Percebemos as pessoas usando a nossa Proposta e Valor ao Colaborador quando elas postam alguma coisa nas redes sociais. Da mesma forma, vimos que elas passaram a falar mais sobre os benefícios e incentivos. No ano passado, crescemos em*

10% na qualidade da nossa contratação por causa do uso do EVP nos movimentos externos de atração".

"A gente avalia o EVP principalmente pela pesquisa de clima. Ali é possível ver como a Proposta de Valor e a nossa comunicação interna estão sendo efetivas para a empresa".

"Começamos a avaliar a efetividade do EVP pelo engajamento dos colaboradores. A demanda de comunicação interna aumentou por causa das respostas dos e-mails que mostraram que as pessoas estavam vendo a campanha de EVP e as informações que a empresa estava passando pra elas".

"A pessoa, depois de integrada, precisa estar dentro, estar envolvida, estar informada, ter vontade de vir para a empresa todas as manhãs e fazer as coisas como devem ser feitas, ter cooperação. O EVP existe, principalmente, para fazer as pessoas quererem ficar na empresa".

"O EVP contribui para que qualquer empresa consiga fazer a atração e também a retenção dos seus funcionários de acordo com o que ela tem para oferecer, sem que exista uma ilusão por alguma das partes. É uma troca: a empresa é verdadeira e o funcionário trabalha de acordo com os seus valores e princípios".

"Temos que deixar muito claro para aquelas pessoas que querem trabalhar com a gente o que elas vão e o que elas não vão encontrar aqui. Então, como resultado, a gente tende a ter processos de atração e retenção mais assertivos. As pessoas que não se identificarem com a nossa cultura e com a nossa proposta, não irão se candidatar".

A seguir, estão os exemplos de três empresas que seguiram caminhos diferentes para chegar aos pilares da sua Proposta de Valor ao Colaborador, além da forma como se posicionaram, enquanto marca empregadora, a partir de técnicas e estratégias de endomarketing.

# CASES DE CONSTRUÇÃO E COMUNICAÇÃO DE EVP – *EMPLOYEE VALUE PROPOSITION*

Para preservar a sua identidade, empresas cujos exemplos estão abaixo serão chamadas de empresas A, B e C.

**A empresa A** teve seus pilares construídos a partir da associação de diversas técnicas que serão explicadas na descrição do case. Neste exemplo, especificamente, serão relatados os esforços de endomarketing para o lançamento e a sustentação, a forma como o *EVP* foi associado ao processo de comunicação interna e os resultados obtidos.

**A empresa B** teve a sua Proposta de Valor ao Colaborador construída a partir das suas frentes de gestão de pessoas, associados à sua estratégia de crescimento. Esse modelo de construção é bastante comum e tem se comprovado como eficaz em nível de resultados.

**A empresa C** teve o seu *EVP* construído de forma mais abrangente, pois, além de frentes de Recursos Humanos, contemplou três elementos bastante importantes que são: marca, missão e inovação.

## Empresa A

### *EVP* construído a partir da percepção dos empregados

**Segmento:** call center.
**Número de empregados:** cerca de 90 mil.

A minha primeira experiência com a construção e a comunicação de uma Proposta de Valor aconteceu nos anos 2012 e 2013, com uma empresa de call center. Pelo segmento em que a empresa A atua e por representar o primeiro emprego de mais de 80% dos seus empregados (média, de 18 a 25 anos de idade), essa empresa focou a sua Proposta de Valor no pessoal de base (atendentes), público que protagoniza o alto índice de *turnover* com o qual ela convive, um dos seus principais desafios de Recursos Humanos.

Essa empresa começou o processo de construção ouvindo o seu público interno, além de profissionais do mercado considerados candidatos potenciais, para os quais usou técnicas como "entrevistas" e "conversas de boteco". Com os empregados, realizou grupos focais, separando pessoal de base operacional, de base administrativa e lideranças. A técnica utilizada nos grupos focais foi a de storytelling, por meio da qual a coordenação solicitou que os participantes contassem histórias sobre o seu relacionamento com a empresa. A partir dessas histórias, foram levantados os itens mais valorizados pelo público interno.

Após a primeira análise, a empresa realizou novos grupos focais para confirmar as conclusões obtidas, utilizando a técnica projetiva, solicitando que as pessoas desenhassem aquilo que enxergavam como positivo na sua relação com a empresa e os motivos que faziam com que permanecessem trabalhando nela.

Após a análise dos desenhos coletados por meio da técnica projetiva, a empresa reuniu as principais percepções das duas etapas (primeira e segunda análises), comparando-as e usando-as de forma complementar para, depois, resumir as conclusões em três pilares:

**Crescimento** – As pessoas disseram perceber oportunidades de crescimento profissional, pois muitos haviam começado na empresa como atendentes e logo se tornaram líderes, o que é uma realidade decorrente do alto *turnover* e da necessidade da empresa em preencher cargos mais altos com talentos que já conhecem a operação. Todos percebiam o recrutamento interno como uma realidade. Além disso, sentiam que a empresa reconhecia as pessoas que permaneciam trabalhando nela e executando um bom trabalho. A oportunidade de crescimento foi valorizada tanto nos grupos de base, quanto nos de liderança.

**Flexibilidade** – O fato de cumprirem com um turno de seis horas fez com que as pessoas da base trouxessem a flexibilidade como algo de muito valor para elas, pois era algo que permitia que pudessem fazer um curso superior, ter uma outra atividade e, com isso, uma renda complementar, se dedicar a um hobby e outras opções de ocupação para o tempo em que não precisavam estar na empresa. Nos grupos de lideranças e pessoal administrativo, cujo turno de trabalho é de oito horas, a flexibilidade foi citada como a oportunidade que tinham de mudar de área, de unidade e até mesmo trabalhar em empresas do grupo em outros países.

**Relacionamento –**

*"Aqui, a gente convive todos os dias com a galera".*

*"Aqui todos são jovens como eu".*

*"Quando vou para a balada e encontro um amigo que está procurando emprego, posso dizer: vai lá que tem vaga e aceitam quem nunca trabalhou".*

Essas foram algumas das frases que as pessoas da base operacional usaram para definir o quanto era bom trabalhar na empresa A. Uma outra frase bastante colocada nos grupos focais foi:

*"Na empresa A todos somos da mesma tribo".*

O bom ambiente organizacional e o fato do público interno ser bastante jovem também fizeram com que os líderes citassem o relacionamento como um importante valor. Para os candidatos potenciais a um emprego na empresa, foram apresentadas algumas opções para que votassem naquelas que, segundo a sua percepção, encontrariam caso viessem a trabalhar na empresa. Entre elas, estavam os três conceitos levantados junto ao público interno nos grupos focais, que foram os mais votados nas entrevistas com os candidatos potenciais. E assim, as conclusões resultaram na definição dos três pilares: Crescimento, Flexibilidade e Relacionamento.

Ao se referirem a esses três pilares, as pessoas usaram muitas vezes o termo "oportunidade". Para elas, a empresa A proporcionava "oportunidades" de crescimento, de flexibilidade e de relacionamento.

Essa palavra deu origem a um conceito maior, associando as oportunidades com a vida das pessoas, para que a empresa não fosse percebida apenas como "de passagem", como é comum nesse segmento. Para se referir a esse fato, alguns usaram, inclusive, a palavra "ponte". Por ser o primeiro emprego, eles percebiam a empresa como uma "ponte" entre a adolescência e a vida adulta, ou entre o colégio e a vida profissional ou, também, entre o emprego anterior e o próximo. Com base nisso, a empresa A decidiu mostrar ao público interno e aos potenciais candidatos a emprego que nela existiam oportunidades de crescimento, de flexibilidade e de relacionamento e que essas oportunidades eram para a vida de cada um.

Assim, a expressão:

## *Oportunidades para a vida*

passou a ser usada com um guarda-chuva para os três pilares e, também, como um posicionamento interno, assinando todos os movimentos de comunicação interna e de endomarketing, associados à marca.

Para a Proposta de Valor denominada "Oportunidades para a Vida", cujos pilares eram Crescimento, Flexibilidade e Relacionamento, foi criada uma programação visual específica que trouxe três elos representando os pilares e um lettering da expressão "Oportunidades para a Vida" associado à marca da empresa.

Ao mesmo tempo em que pretendia lançar a sua Proposta de Valor, a empresa A estava planejamento um novo processo de endomarketing. Para potencializar os dois projetos, a empresa A tomou a decisão de colocar nos canais de comunicação interna a mesma programação visual criada para a Proposta de Valor, além de usar o conceito "Oportunidades para a Vida" para assinar as campanhas de endomarketing. Assim, os canais de comunicação interna ganharam o conceito/assinatura e as mesmas cores e formas da programação visual criada para a Proposta de Valor (elos) que, por sua vez, ganhou maior visibilidade estando representada nos canais.

O primeiro passo do lançamento da Proposta de Valor foi apresentá-la em primeira mão para as lideranças durante uma palestra sobre endomarketing e, depois, vestir a empresa por meio de adesivos, painéis e faixas com os três pilares e o conceito "Oportunidades para a Vida". Numa determinada segunda-feira, os empregados chegaram para trabalhar e encontraram a sua unidade totalmente adesivada (paredes, corredores e elevadores) com a Proposta de Valor.

A partir daí, ao chegar na empresa e percorrer suas áreas, as pessoas visualizavam as mensagens e percebiam que, ao trabalhar a empresa A, tinham oportunidades de crescimento, de flexibilidade e de relacionamento.

Além da campanha de endomarketing de lançamento, que teve uma série de instrumentos, os canais de comunicação interna foram apresentados um a um, abordando, na sua primeira edição, a Proposta de Valor ao Colaborador.

Como posicionamento interno, a empresa A adotou o mesmo conceito da Proposta de Valor "Oportunidades para a Vida", passando a assinar todas as campanhas de endomarketing, mesmo aquelas que não se referiam à proposta.

Externamente, a Proposta de Valor ao Colaborador passou a estar presente nos anúncios e materiais de recrutamento e seleção, representando aquilo que os candidatos iriam encontrar de bom naquela empresa e o que ela se comprometia em entregar. Além disso, a empresa A começou a usar o conteúdo da Proposta de Valor nos materiais e ações de integração de novos empregados.

No final do primeiro ano de implantação da sua Proposta de Valor, a empresa A planejou uma ação de storytelling, solicitando aos empregados que escrevessem histórias reais de crescimento, de flexibilidade e de relacionamento vividas na empresa. A ideia era reunir as 100 melhores histórias num livro entregue a todos os empregados como presente de final de ano, e os autores participarem, inclusive, de sessões de autógrafos nas suas unidades.

Esse foi um case em que a construção aconteceu a partir do levantamento de informações junto a um público formado por empregados e por profissionais considerados candidatos potenciais.

Esse foi um case, também, em que o *EVP* foi totalmente associado ao processo de comunicação interna, o que garantiu maior visibilidade aos dois movimentos.

Por ter acompanhado todo o processo, pude relatar aqui alguns dos esforços de endomarketing para o lançamento dessa Proposta de Valor e a continuidade da comunicação que permitiu a sua sustentação.

Com relação a resultados, a empresa A teve uma diminuição considerável no seu índice de *turnover* e um aumento nos níveis de satisfação e de engajamento registrados nos resultados da Pesquisa de Ambiência Organizacional que realizava anualmente.

## Empresa B

### *EVP* construído a partir dos pilares de gestão de pessoas

**Segmento:** financeiro.

**Número de empregados:** cerca de 3 mil empregados.

A empresa B tinha como objetivo para o ano de 2016 trabalhar a sua imagem de gestão de pessoas. Como uma empresa nova no mercado, possuía frentes e programas de gestão de pessoas construídos e organizados, mas ainda não praticava uma comunicação estratégica que representasse esses programas dentro de um processo único em favor do empregado.

No momento em que começou a realizar uma avaliação do contexto da área para trabalhar a sua imagem, a empresa B se deu conta de que poderia aproveitar para construir um "pacote" de programas e de ações voltadas para as pessoas, o que poderia se configurar numa Proposta de Valor ao Colaborador. Assim, partiu de um desenho das frentes de Gestão de Pessoas e dos programas que já havia construído, transformando-os em pilares de *EVP*. Afinal, eram frentes e programas focados na atração, seleção, educação, remuneração, carreira, sucessão, engajamento e clima, todos de extrema importância para qualquer profissional que deseja crescer e se desenvolver dentro de uma empresa.

Abaixo, as frentes de gestão de pessoas da empresa B, sendo que cada uma possuía os seus próprios programas.

| ATRAÇÃO E SELEÇÃO | EDUCAÇÃO CORPORATIVA | CARGOS & SALÁRIOS E REMUNERAÇÃO | CARREIRA E SUCESSÃO | ENGAJAMENTO E CLIMA |

Para transformar essas frentes numa Proposta de Valor ao Colaborador, a empresa B criou uma frase imperativa para cada uma delas. Essa frase passou a representar os pilares e, juntos, se configuraram na promessa da empresa B enquanto marca empregadora.

Para cada pilar da Proposta de Valor foi definida uma cor que seria usada, posteriormente, nos movimentos de endomarketing. Além disso, por ser uma empresa em expansão, a empresa B buscou um conceito para ser o guarda-chuva desses pilares, chegando na seguinte frase:

*Você cresce com a empresa B.*
*A empresa B cresce com você.*

Esse conceito foi transformado num selo que passou a representar a sua Proposta de Valor ao Colaborador. Foi criada, também, uma versão composta desse selo associando-o a cada um dos pilares. Com isso, além de ter uma cor específica, cada pilar passou a ter também um selo próprio que associou o nome do pilar ao conceito guarda-chuva. Essas técnicas de endomarketing foram adotadas para que as peças de divulgação dos programas de gestão de pessoas pudessem ser identificadas pela cor e pelo selo.

Exemplos aleatórios:

- Um cartaz de comunicação da pesquisa de clima teria a predominância da cor laranja e o selo: Você cresce com a empresa B. A empresa B cresce com você + o pilar: Engajamento e Clima.

- Um e-mail marketing de comunicação de um treinamento teria a predominância da cor verde e o selo: Você cresce com a empresa B. A empresa B cresce com você + o pilar: Educação Corporativa.

- Um anúncio de recrutamento interno no mural digital ou no jornal de parede teria a predominância da cor vermelha e o selo: Você cresce com a empresa B. A empresa B cresce com você + o pilar: Atração e Seleção.

O objetivo da empresa B era fazer com que os seus empregados passassem a associar rapidamente o programa ao pilar do qual ele faz parte. Essa associação, ao longo do tempo, acaba se tornando automática, o que favorece a empresa em nível de imagem, contribuindo para o aumento do índice de favorabilidade nas pesquisas internas ou de distinções. Por meio dessa estratégia, quando uma pesquisa perguntar sobre treinamento, por exemplo, existe uma chance bem maior do respondente lembrar do pilar Educação Corporativa, pois nas peças de endomarketing o programa de treinamento estará associado a esse pilar.

Assim como a Proposta de Valor ao Colaborador da empresa A, a empresa B também construiu a sua para usá-la em todo o ciclo de vida do empregado na empresa: da atração à aposentadoria.

## Empresa C

### *EVP* construído de forma mais abrangente e a partir de uma orientação global

**Segmento:** indústria.

**Número de empregados:** cerca de 5 mil.

A empresa C recebeu uma orientação global para construir o seu *EVP* no Brasil a partir de um conceito que deveria ser único para todas as operações no mundo:

> *Trabalho inspirador, empoderando mulheres,*

uma frase emocional que contém a essência do propósito da empresa, o mesmo desde a sua fundação, há mais de 130 anos. A partir desse conceito, a empresa C deu início a uma série de estudos e pesquisas, levando em consideração:

- a força da sua missão e da sua marca;
- tudo o que já havia construído em nível de benefícios e de incentivos para os seus empregados;
- a busca constante pela inovação que a caracteriza;
- as causas humanas assumidas ao longo dos anos no Brasil, que são motivo de orgulho para o seu público interno. Causas representadas no conceito global e que contribuem para que o ato de trabalhar na empresa seja realmente inspirador.

Assim, definiu os cinco pilares da sua Proposta de Valor ao Colaborador, sendo três de Recursos Humanos – pessoas, desempenho e desenvolvimento –, um sobre Marca e Missão e, o outro, sobre Inovação.

O texto moderno, curto e, ao mesmo tempo, consistente com que esses pilares foram representados está a seguir, na ordem com que foram usados nos esforços de lançamento.

**GERAMOS OPORTUNIDADES –** Desenvolvimento profissional e progressão de carreira.

**ACREDITAMOS NAS PESSOAS –** Confiança nas pessoas, qualidade de gestão e sentido de unidade.

**NOSSA MARCA É FORTE E NOSSA MISSÃO ENVOLVENTE –** Empresa referência, na qual todos trabalham por um propósito.

**TRANSFORMAMOS IDEIAS EM AÇÕES –** Trabalho desafiador, envolvente e interessante em um ambiente saudável, inovador e flexível.

**VALORIZAMOS O DESEMPENHO –** Reconhecimento e recompensas baseados em desempenho.

Para representar a sua Proposta de Valor ao Colaborador, a empresa C criou um infográfico no qual os pilares aparecem em torno do conceito, na forma de um selo: "Trabalho inspirador, empoderando mulheres". Como programação visual, usou a imagem de um dos produtos que fabrica, representando os demais.

O primeiro esforço de lançamento contemplou as lideranças para que conhecessem, não apenas a campanha de endomarketing para apresentá-la ao público interno, mas principalmente a estratégia de *EVP*.

Para o lançamento ao público interno como um todo, foi criado e produzido um vídeo que, em primeiro lugar, mostrou como a empresa pensa de acordo com a sua missão e, depois, tudo o que ela proporciona aos seus empregados e à sociedade por meio dos seus programas humanos e sociais. Esse vídeo foi apresentado no evento de lançamento do *EVP*, que teve uma série de interações e que antecedeu uma campanha de endomarketing, cujas peças foram veiculadas em todos os canais de comunicação interna da empresa.

Como estratégia para fazer com que o *EVP* fosse reafirmado e fortalecido por meio das campanhas de endomarketing, a empresa C decidiu:

- usar o selo do conceito nas peças de endomarketing. O formato de um selo permite que o conceito do *EVP* passeie pelas peças de endomarketing, podendo aparecer em qualquer lugar, sem prejuízo do posicionamento externo/interno da empresa que assina os materiais, geralmente no canto inferior direito;

- fechar os textos das peças de endomarketing com o pilar que representa o assunto que está sendo comunicado, dando um destaque por meio de um espaço maior entre ele e o último parágrafo, além de usar uma letra diferenciada.

Exemplos:

- Quando a campanha de endomarketing tiver como objetivo divulgar um programa voltado para ideias e inovação, os textos das peças devem fechar com o pilar: Transformamos ideias em ações.

- Quando a campanha de endomarketing abordar a cultura organizacional, os textos das peças devem fechar com o pilar: Nossa marca é forte e nossa missão envolvente.

- Quando a campanha de endomarketing informar sobre o quanto a empresa investe no desenvolvimento do seu público interno, os textos das peças devem fechar com o pilar: Geramos oportunidades.

O *EVP* da empresa C foi lançado recentemente, por isso não serão citados aqui os demais movimentos para a sua sustentação, mas a equipe responsável pela comunicação já planejou um álbum de figurinhas que abordará a proposta como um todo, promovendo a interação do público interno com os seus pilares, associando-os a todos os programas, benefícios e incentivos da empresa, além dos aspectos relacionados com a sua cultura, marca e produtos.

## Três diferentes exemplos, um mesmo propósito.

Os exemplos das empresas A, B e C, embora descritos de forma rápida, evidenciam três diferentes caminhos para a construção de uma Proposta de Valor ao Colaborador, sempre compondo um pacote capaz de fazer com que os profissionais que a empresa deseja atrair se interessem por ela e os seus empregados queiram permanecer trabalhando nela.

Acredito que, aos poucos, investir numa Proposta de Valor ao Colaborador se tornará uma prioridade para as empresas que possuem uma gestão não apenas voltada para as pessoas, mas também preocupada em contribuir para a estratégia do negócio. Entretanto, não basta construir uma Proposta de Valor ao Colaborador a partir dos pilares adequados. É preciso comunicá-la de forma criativa, consistente e permanente, caso contrário não cumprirá com os seus objetivos.

Essa comunicação precisa contemplar:

- os instrumentos de atração;
- os esforços de recrutamento e seleção;
- os materiais e as ações de integração;
- a divulgação e o reforço permanente do conceito e dos pilares nos canais e nas mídias internas;
- a comunicação dos programas de Recursos Humanos;
- o discurso da liderança;
- muitos outros esforços que têm como objetivo a informação e o consequente engajamento do público interno.

Mas, ainda mais importante que comunicar o *EVP* adequadamente, é possuir as condições necessárias para cumprir a promessa realizada por meio dele, o que só as empresas com muita maturidade conseguem fazer. Quando a promessa e a realidade são correspondentes, o público interno se torna capaz de compreender a Proposta de Valor e de se comportar como um "propagandista" da marca da empresa como empregadora.

## Manual de marcas de RH

As empresas que ainda não se consideram preparadas para construir e divulgar uma Proposta de Valor ao Colaborador podem adotar a estratégia de acabar com a "logolândia", palavra que uso para me referir à quantidade de marcas, símbolos e personagens usados como identidade para os programas de Recursos Humanos.

Esses programas, quando representados por marcas e letterings sem uma integração ou um elemento comum, impedem que a empresa construa uma imagem única de Recursos Humanos, assim como uma percepção positiva por parte das pessoas. Por esse motivo, é importante que as empresas adotem um padrão de assinaturas para as suas iniciativas de Recursos Humanos, deixando os ícones para as campanhas de endomarketing que irão divulgá-las.

Uma boa estratégia para trabalhar a imagem de Recursos Humanos é criar um conceito que não seja da área e, sim, do processo que a empresa possui. Abaixo, como exemplo, alguns dos conceitos que tenho encontrado nas empresas.

- Nossos Colaboradores. Nossa causa.
- Seu desenvolvimento, nossa identidade.
- Oportunidades (nome da empresa). O protagonista é você.
- Nossa estratégia é você.

Esse conceito pode ser transformado num lettering, ou num selo, para que esteja presente em todos os instrumentos de divulgação dos programas de Recursos Humanos.

Outra estratégia é ter espaços específicos para o conteúdo de Recursos Humanos como, por exemplo, páginas centrais e especiais na revista interna, espaço diferenciado no jornal de parede, telas de uma cor diferente no mural digital, uma newsletter específica, e outros. Mas é importante que fique claro para as outras áreas da empresa que o conceito, o lettering ou o selo, e os espaços específicos sugeridos nos canais não têm como objetivo fazer o marketing da área de Recursos Humanos e, sim, organizar e integrar a comunicação do processo que a empresa possui em favor do seu público interno.

Essa estratégia de posicionamento do pacote de Recursos Humanos, associada à padronização da assinatura dos seus programas, se bem trabalhada, gera uma percepção única por parte dos empregados em relação a tudo o que a empresa proporciona a eles.

Conheço uma empresa que adotou uma estratégia muito interessante e eficaz em termos de imagem: em vez de criar um conceito, acrescentou a palavra "Mais" à expressão de Recursos Humanos, passando a assinar a comunicação dos seus programas com um selo em que estava escrito "RH Mais". A partir daí, associou a expressão "RH Mais" à cada uma das frentes de Recursos Humanos, conforme os exemplos a seguir:

- RH Mais Recrutamento e Seleção.
- RH Mais Integração.
- RH Mais Benefícios e Incentivos.
- RH Mais Desenvolvimento e Oportunidades.
- RH Mais Qualidade de Vida.
- RH Mais Saúde e Segurança.
- RH Mais Preparação para a Aposentadoria.

Ao acrescentar o conceito "Mais" a todos os seus movimentos de Recursos Humanos, essa área passou a trabalhar a percepção do público interno em relação à empresa, contribuindo para melhorar a sua imagem interna a partir de um pacote de benefícios e incentivos em favor do empregado.

A organização da comunicação de Recursos Humanos é, sem dúvida alguma, o primeiro passo para a construção de um projeto de *EVP*. E o endomarketing serve exatamente para isso: dar valor e visibilidade àquilo que a empresa tem de bom e no que investe, podendo ser adequado e revisto ao longo do tempo, na medida em que os seus programas e processos evoluem.

# 7 A liderança colaborativa

**Começo este capítulo** com uma pergunta: o que a liderança tem a ver com a felicidade das pessoas no ambiente de trabalho?

A resposta para essa pergunta é: tudo.

Em primeiro lugar, todos sabemos que um profissional que exerce uma liderança de alto nível influencia positivamente a sua equipe e torna a sua área de trabalho um lugar no qual as pessoas se sentem livres para sonhar, criar e realizar.

Nas minhas andanças pelas empresas, é comum eu encontrar pessoas entusiasmadas com o seu trabalho. Poucos meses depois, começo a perceber essas pessoas totalmente frustradas e a única coisa que mudou no contexto delas é o fato de estarem convivendo com um novo líder. Certamente, um novo líder que desconsidera o trabalho que faziam anteriormente, colocando defeitos em tudo o que encontra. Provavelmente, um profissional que não se preocupa em ouvi-las, que não as envolve na tomada de decisões sobre projetos que já estavam em andamento e que as trata como se não tivessem nenhuma experiência naquilo que fazem.

Mas o contrário também ocorre. Já convivi com equipes completamente desmotivadas que mudam totalmente com a entrada de um novo líder. Refiro-me à entrada de um daqueles profissionais que, quando chega para liderar, os olhos das pessoas se iluminam. Um líder inspirador, capaz de fazer com que as pessoas se sintam importantes e cheias de energia para produzir mais e melhor. Quando líderes conseguem fazer uma diferença positiva na vida de uma equipe, a motivação e o engajamento se tornam inevitáveis. Entretanto, a felicidade geralmente é percebida pela ausência dela. Todos conhecemos pessoas que são felizes no seu ambiente de trabalho e pessoas que não são. Mas a verdade é que nos acostumamos a comentar muito mais sobre as que não são e, com isso, ajudamos a construir uma ideia de que é impossível ser feliz no trabalho.

Outra verdade é que são poucas as pessoas que, ao se sentirem infelizes, encontram forças para deixar a empresa e, com isso, se livrar da influência de um contexto e/ou de um líder negativo. Em contrapartida, uma pessoa não se afasta com facilidade de uma empresa na qual se sente feliz. As pessoas até trocam de emprego por causa de um salário melhor, ou de uma possibilidade maior de crescimento, mas quando se é feliz, tomar essa decisão é sempre muito difícil.

Na empresa que dirijo, existe uma profissional de revisão que está conosco há alguns anos e que, sempre que termino uma reunião com toda a equipe, ou uma determinada celebração, ela entra na minha sala, me abraça e fala comigo, mas não para elogiar a minha performance como líder e, sim, para me dizer o quanto é feliz trabalhando na agência. Isso que ela faz deixa nós duas felizes e a energia acaba contagiando quem está ao nosso redor. É aquela velha equação acontecendo:

**Estou na profissão que escolhi + Faço o que gosto e com amor + Tenho um líder que admiro + Trabalho numa empresa do bem = Sou feliz no meu trabalho.**

É uma equação na qual o peso do dinheiro se torna menor, embora continue sendo importante, especialmente na conjuntura econômica que estamos vivendo em que a sobrevivência é um grande desafio. Isso tudo, juntamente com o papel que a empresa desempenha na sociedade, faz com que as pessoas encontrem sentido e significado no trabalho que executam.

As pessoas que costumam dizer "meu nome é trabalho" ou, "vim para a vida a trabalho", demonstram não estar envolvidas emocionalmente com aquilo que fazem, olhando para o trabalho apenas como uma forma de sustento e não de realização.

## Ser líder, ou estar líder?

Segundo estudos antropológicos, os seres humanos demonstram predisposição para se deixar liderar. Se colocarmos cinco ou sete pessoas dentro de uma sala, naturalmente surgirá um líder entre elas. Isso significa que, se a empresa não eleger um líder, alguém assumirá essa posição dentro do grupo em que está alocado. Isso significa que existem líderes que foram distinguidos pelas suas competências, entre elas, a da comunicação, assim como existem profissionais que "estão" líderes, o que pode acontecer por uma série de fatores, inclusive por falta de atenção da empresa. São profissionais que ocupam a liderança sem terem condições para isso.

Esse é um tipo de situação que gera uma série de conflitos e de resultados negativos. Afinal, nada é pior do que sermos liderados por um profissional que não admiramos, o que não significa que a pessoa não aprenda com líderes negativos. Tanto o que é positivo, quanto o que é negativo nos ensina algo. Da mesma forma que

## *não comunicar, comunica mais do que imaginamos.*

Ao longo dos 22 anos em que fui empregada, tive líderes que me ensinaram muito, mas isso não quer dizer que eu tenha sido feliz trabalhando sob a coordenação de todos eles.

Ao abordar a importância do reconhecimento no primeiro capítulo deste livro, defendi a ideia de que uma pessoa somente é feliz no ambiente de trabalho quando se sente valorizada. E o líder tem uma grande parcela de participação nesse processo.

Tang Taizong, que foi um dos maiores líderes da história da China, país que estou buscando conhecer melhor por estarmos trabalhando para várias empresas de origem chinesa neste momento, disse que "um navio que cruza o oceano depende de seus marinheiros. Uma ave que voa pelos céus depende das suas asas. Um imperador que governa um país depende do apoio de seus auxiliares. Você deve preferir ter alguém talentoso a seu serviço do que trinta quilos de ouro no seu cofre. Mas, as pessoas talentosas podem estar vivendo na obscuridade. Elas podem estar esperando pela oportunidade certa, pois podem ser de origem humilde e de baixa posição social, podem ser pobres ou realizar tarefas simples. Por isso, você tem que fazer todos os esforços para encontrá-las, porque essas pessoas tornarão a sua vida, enquanto líder, mais feliz". A Dinastia Tang aconteceu entre os anos 608 e 907.

Existem líderes que, ao ouvirem falar das qualidades de alguém, não dão importância, mas ao ouvirem sobre seus defeitos, prestam totalmente a atenção. São líderes que não aguentam ter, ao seu redor, pessoas que possam se sobressair. São líderes que não reconhecem ninguém, pelo medo de serem substituídos.

Da mesma forma, existem líderes que, ao valorizar as pessoas da sua equipe, as empoderam e as incentivam a se tornarem profissionais melhores. Mas, embora isso pareça fácil, não é. Liderar é, sem dúvida alguma, um grande desafio, especialmente pelo aspecto pessoal que existe nessa relação. Afinal,

*liderança é um processo, mas o líder é uma pessoa.*

E lidar com pessoas se constitui na maior dificuldade que um líder encontra, pois assim como ele, uma equipe é composta por seres humanos, com toda a sua complexidade e variabilidade.

O jornalista Alexandre Teixeira conta em seu livro *"Felicidade S.A."* que entrevistou Wellington Nogueira, fundador da ONG Doutores da Alegria, um grupo de palhaços que visita hospitais e interage com os doentes, proporcionando momentos felizes a eles. Segundo Wellington – que emprega 75 pessoas, entre elas 50 palhaços –, não é porque a maior parte da sua equipe é composta por artistas que usam nariz de bola vermelha e sapatos grandes, que o seu desafio de liderar é menor. Certamente, ele enfrenta os mesmos desafios que enfrento na agência que dirijo.

Mas, o que significa exatamente liderar? Há muito tempo cheguei à conclusão de que

## liderar é colaborar.

O livro que mais me inspirou enquanto líder foi *"O Monge e o Executivo – Uma história sobre a essência da liderança"*, pois nele, James C. Hunter defende fortemente a ideia de que todo líder deve ser um servidor. Entretanto, antes disso, em 1970 (a primeira edição de *"O Monge e o Executivo"* aconteceu em 1998), o escritor americano Robert Greenleaf já havia escrito sobre a liderança servidora. Mas esse conceito é ainda mais antigo. Há dois mil anos, a liderança servidora estava na essência da filosofia de Jesus Cristo. Existem outros exemplos que corporificaram essa crença: Mahatma Gandhi, Martin Luther King Jr. e Nelson Mandela.

Os argumentos que defendem a liderança servidora continuam valendo, mas acredito que o momento atual exige um pouco mais que isso. Exige um líder colaborativo, embora as palavras "servir" e "colaborar" tenham definições muito próximas.

Líder colaborativo é aquele que "levanta a bola para a sua equipe bater", que participa, que contribui e que coloca a sua opinião, mas que não entrega o trabalho pronto, o que impediria o crescimento e o desenvolvimento das pessoas. No meu entender, líder colaborativo é aquele que acredita no trabalho da sua equipe, deixando-a fazer e contribuindo quando necessário.

Mas o que é a liderança colaborativa? Existem pessoas que ainda ficam com receio ao ouvir esse termo, pois remetem imediatamente a "pensar pelo outro", ou "fazer pela equipe" ou pior, "ser um alguém que puxa a cadeira e serve o café" na tentativa de agradar ao outro, portando-se como um serviçal.

A liderança colaborativa pode ser melhor entendida na equação:

$$\text{Visão + Comunicação + Execução Conjunta}$$
$$=$$
$$\text{Liderança colaborativa}$$

Essas três partes – **visão, comunicação** e **execução conjunta** –, são extremamente importantes para que se entenda a liderança colaborativa. **Visão**, porque o líder precisa conhecer, com clareza, o que a empresa representa, quais são os seus planos e o que pretende alcançar. Isso é imprescindível, pois cabe ao líder apontar a direção que a sua equipe deve seguir. **Comunicação**, porque é da sua responsabilidade não apenas informar sobre os objetivos e a estratégia da empresa, mas se comunicar com a equipe de forma permanente, a fim de que, sob a sua batuta, ela seja capaz de partir para a execução. É no momento da **execução**, de trabalhar para que os objetivos sejam atingidos, que o líder assume o papel colaborativo, contribuindo ativamente para que os resultados sejam atingidos. É quando acontece a **execução conjunta**.

*A comunicação é o elo entre a visão e a execução.*

A comunicação está entre a visão e a execução como o elo que permitirá, não apenas o entendimento por parte da equipe em relação ao que precisa fazer para que os objetivos sejam alcançados, mas também o compartilhamento do conhecimento e da experiência do líder. A partir daí, numa empresa que trabalha a meritocracia e o reconhecimento, são estabelecidas as metas individuais, assim como as da equipe, e o papel do líder passa a ser o de colaborar para que todos alcancem essas metas.

Segundo a revista *Você RH*, uma pesquisa realizada com mais de 7 mil profissionais, de seis diferentes regiões, analisou o que de melhor os gestores estão fazendo para preparar as pessoas que compõem as suas equipes. Esse estudo concluiu que existem quatro perfis positivos de líderes:

**Líder animador, ou líder de torcida:** é aquele que pratica o feedback positivo e animador, encorajando a pessoa a se desenvolver sozinha.

**Líder integrador:** é aquele que pratica o feedback preciso e definido, conectando o empregado com outras pessoas para aprender e criando um ambiente propício para que isso ocorra.

**Líder disponível:** é aquele que direciona a pessoa para o desenvolvimento e dá feedback frequente, mas com menos embasamento.

**Líder professor:** é o líder que aconselha, dá feedback orientado e ensina com base nas suas próprias experiências.

## Líder querido x líder necessário

Essa mesma pesquisa mostrou que o líder disponível é o preferido pela maioria das pessoas, mas o integrador é o que traz mais resultados, tanto para a empresa quanto para o empregado. Isso quer dizer que as pessoas preferem o líder disponível, mas necessitam do líder integrador.

Acredito que o líder colaborativo reúne um pouco de cada um dos perfis acima (animador, integrador, disponível e professor), mas representa e está mais próximo do líder integrador.

O líder colaborativo é aquele que se esforça para descobrir o que as pessoas da sua equipe precisam para se desenvolverem, trabalharem pela visão da empresa e obterem um bom desempenho. Isso significa que, em vez de esperar serem agradados pelas equipes, líderes colaborativos se preocupam em fazer a diferença para as pessoas e, com isso, causar um impacto positivo na vida delas, produzindo os resultados que a empresa espera.

*Tornar-se um líder colaborativo é algo que vem de dentro.*

As empresas não têm como tornar seus líderes melhores "à força", apenas por meio de programas de treinamento e de desenvolvimento, pois esse é um movimento que acontece de dentro para fora. É dentro do líder que existe uma decisão a ser tomada. Cada um deve sentir a necessidade de ser um líder melhor a cada dia, exercitando o "colaborar". A pergunta que precisamos nos fazer, enquanto líderes, é:

> *Para que estou liderando?*
> *Somente para assistir, para dificultar,*
> *ou para colaborar?*

A partir do momento em que respondemos a essa pergunta para nós mesmos de forma honesta, decidimos se queremos nos tornar líderes colaborativos, ou não. No caso da resposta ser "para colaborar", temos a oportunidade de dar início a um longo processo que significa trabalhar para ser um líder melhor a cada dia e, principalmente, entender que é possível começar de novo, todos os dias.

## *Ser líder, ou estar líder?*

No livro *"Ordering Your Private World"*, Gordon McDonald mostra, de forma muito clara, a diferença entre líderes colaborativos, que pensam na equipe, e líderes que pensam apenas em si mesmos.

Segundo ele, existem dois tipos de pessoas:

- aquelas que estão líderes;
- aquelas que são líderes de fato.

Algumas pessoas, apenas por serem líderes, pensam que são donas de tudo: de seus relacionamentos, dos materiais ao seu redor e de sua posição. São pessoas que servem a si mesmas e, na maior parte do tempo, estão protegendo o que possuem. Dirigem burocracias e acreditam que as ovelhas existem em benefício do seu pastor. Querem ter certeza de que todo dinheiro, reconhecimento e poder se direcionem ao topo da hierarquia e se afastem das pessoas da base.

Os verdadeiros líderes colaborativos são muito diferentes, pois acreditam que tudo lhes é emprestado: seus relacionamentos, aquilo que é material e a sua posição.

## *Ser um líder colaborativo é ser alguém com quem a equipe pode contar.*

Acredito que a frase acima é o que melhor define o que um líder colaborativo deve fazer o tempo todo: estar à disposição, interferindo quando necessário, sempre de forma positiva.

## *A liderança colaborativa é uma virtude. E como virtude, pode ser desenvolvida.*

Os líderes podem, a partir da sua vontade e por meio do autoconhecimento, de muita leitura, de programas de treinamento e desenvolvimento, e de processos de coaching, se tornarem líderes colaborativos de alta performance. Dos itens colocados acima, acredito que o autoconhecimento seja o mais difícil, pois depende da própria pessoa e do tempo que ela dedica a isso.

Ken Blanchard, no seu livro *"Liderança de alto nível"* propõe um exercício muito interessante por meio de oito perguntas a serem respondidas pelo líder:

- Quem foram os seus líderes influenciadores que tiveram um impacto positivo ou negativo em sua vida, tais como pais, professores, orientadores ou chefes? O que você aprendeu sobre liderança com essas pessoas?

- Que eventos da sua vida tiveram impacto sobre a forma como você exerce a liderança? Pense em fatos importantes da sua infância, de seus anos de escola e no começo da sua carreira. Como eles afetaram o que você pensa hoje sobre liderança?

- Pense em seu propósito de vida. Por que acredita que está no mundo e o que quer realizar?

- Quais são os valores centrais que guiarão seu comportamento, à medida que tenta realizar seu propósito de vida?

- Com base no que aprendeu com líderes do passado, em seu propósito de vida e em seus valores centrais, quais são as suas crenças acerca de liderar e motivar as pessoas?
- O que as pessoas da sua equipe podem esperar de você?
- O que você espera das pessoas da sua equipe?
- Como você servirá de exemplo para as pessoas da sua equipe?

Vejo esse exercício como uma oportunidade de olhar para informações repletas de significado sobre nós mesmos, o que nos encaminhará para o autoconhecimento e nos ajudará a determinar nosso ponto de vista sobre a liderança colaborativa.

Outro exercício interessante é o líder escrever quais são seus valores pessoais, as crenças que regem a sua vida, aquilo que considera realmente importante e que influencia as suas decisões. O ideal é colocar os valores em ordem de importância, começando por aquele que é totalmente inegociável até aquele que, dependendo da situação, poderia ser revisto. Por exemplo, se o valor que estiver no topo da lista for delicadeza, viver com delicadeza ou ser delicado com os outros, não será algo opcional.

Quando ordenamos os valores por importância, fica mais fácil de administrar no momento em que nos damos conta de que um está entrando em conflito com outro. Por exemplo, se valorizamos o crescimento financeiro, mas a preocupação com o outro é o nosso valor fundamental, todas as atividades que nos levam ao crescimento financeiro devem ser aferidas em relação à preocupação com o outro.

Esses dois exercícios se completam, pois nossas crenças são a essência do nosso ponto de vista sobre liderança. E na medida em que um líder tem clareza sobre os seus valores pessoais e os evidencia para as pessoas que compõem a sua equipe, elas saberão o que esperar dele.

## *A primeira pessoa que um líder precisa liderar é ele mesmo.*

Essa frase já foi muito usada, mas é extremamente verdadeira. A forma como um líder se sente em relação ao seu trabalho impacta diretamente no bem estar da sua equipe. Ao longo da minha vida, tive alguns líderes bem difíceis, mas também convivi com líderes inspiradores que me ajudaram a descobrir alguns dos meus talentos e que me permitiram mostrar resultados nas funções que desempenhei. Foram líderes com os quais aprendi e me diverti ao mesmo tempo. Esse, no meu entender, é o legado duplo que o líder colaborador se torna capaz de gerar.

Hoje, quando vejo a equipe da agência que dirijo se divertindo enquanto trabalha, sempre penso no quanto isso pode ser vantajoso para o meu negócio. Quando percebo que as pessoas conseguem rir de si mesmas e entre si no ambiente de trabalho, não considero isso negativo. Ao contrário, para mim é um sinal de energia, entusiasmo e espírito de grupo. Eu realmente acredito no quanto pequenas atitudes podem contribuir para um bom clima organizacional e no quanto sentimentos podem ser contagiosos.

Para ser considerado colaborativo, um líder precisa ter certeza de que está em estado de espírito positivo em relação ao seu trabalho e à sua equipe, da mesma maneira que ele espera que as pessoas reajam às suas ações. Como já coloquei, penso que esse é um esforço diário. O líder colaborativo precisa se preparar para o aprendizado contínuo, além de decidir sobre como gerenciar seu tempo e esforços para se manter em constante desenvolvimento.

Na parte que diz respeito à execução, para manter o seu pessoal concentrado, engajado e na direção certa, o líder colaborativo também precisa estar concentrado, engajado e na direção certa. Isso significa que cabe ao líder decidir sobre a sua atitude pessoal e profissional com base nos resultados que deseja alcançar por meio da sua equipe. O líder chinês Tang Taizong dizia: "um rio é limpo, ou não, de acordo com a sua nascente. Sou como a nascente de um rio e meus subordinados são como a correnteza. Se eu uso meios fraudulentos para testá-los, como posso esperar que sejam honestos? Seria tão irracional quanto esperar que um rio seja limpo se sua fonte é lamacenta".

Com relação à competência técnica do líder colaborativo, existem duas linhas de pensamento que, no meu entender, são conflitantes:

**A primeira** diz que, para ser verdadeiramente colaborativo, um líder deve saber desempenhar as funções da sua equipe melhor do que ela.

**A segunda** diz que isso não é necessário, desde que o líder consiga exercer a autoridade que James C. Hunter, no seu livro *"O Monge e o Executivo"* define como "a habilidade de levar as pessoas a fazerem, de boa vontade, o que você quer, por causa da sua influência pessoal".

Já questionei essas duas afirmações no passado, mas hoje acredito que ambas estão corretas.

Em relação à primeira, penso que o conhecimento técnico contribui fortemente para que o líder seja respeitado pela sua equipe e, também, para que tenha melhores condições de colaborar com ela. E, para também concordar com a segunda, descrevo algo que aconteceu comigo há pouco tempo, quando estava ministrando um treinamento de lideranças para a comunicação face a face numa empresa cujo público interno é formado por: 50% da Geração X e 50% da Geração Y, sendo que representantes desta última (Y) já ocupa metade dos cargos de liderança.

No intervalo do treinamento, um dos líderes da Geração Y me procurou para falar sobre a dificuldade que estava encontrando para ser respeitado como líder por uma equipe composta, na sua maioria, por pessoas que já estão quase se aposentando e que, por terem mais tempo de empresa, sabem mais do que ele.

Esse jovem faz parte de uma geração com pouca experiência que começa a assumir o comando de áreas, empresas, ONGs, associações, clubes e até mesmo de estados e países. São líderes que, com certeza, encontrarão em suas equipes pessoas com muito mais experiência do que eles e que precisarão se impor através das suas habilidades pessoais e da capacidade de influenciar pessoas. Ao assumir cargos de liderança, essa nova geração coloca as empresas num novo contexto de conectividade, velocidade e cooperação, motivo pelo qual será importante saber e entender o que ela pensa, como age e quais são os seus valores e hábitos. Mas será decisivo para as empresas, também, prepará-los para o fato de que precisarão conquistar o respeito e a atenção dos representantes da Geração X.

Num dos parágrafos anteriores, coloquei que um líder, para ser considerado colaborativo, precisa ser respeitado e que o conhecimento técnico contribui para isso. Mas é preciso considerar que o respeito, na maior parte das vezes, é muito mais uma decorrência da inteligência emocional do que da inteligência técnica, estando relacionado com características muito mais pessoais do que profissionais.

Dentre essas características, que pode ser classificada como pessoal e profissional ao mesmo tempo, está a capacidade de comunicação. Acredito que líderes verdadeiramente colaborativos, são aqueles capazes de identificar e satisfazer as necessidades legítimas dos seus liderados e que usam a comunicação em seu favor, quebrando as barreiras existentes para que isso aconteça. Dizem que, entre os lobos, todos possuem capacidade de liderança. Mas assume realmente a liderança aquele que se impõe pela força. Entre os homens, muitos possuem potencial e desejam a liderança. Mas a empresa distingue como líder aquele que se impõe pela competência e, principalmente, pela capacidade de comunicação. Dentro desse contexto, existem três premissas básicas:

- Se a liderança colaborativa é uma virtude, com certeza pode ser desenvolvida.

- Se a capacidade de comunicar é uma das principais competências de um líder, ele precisa entender de comunicação.

- Se o líder deve se comportar como o primeiro e principal canal de comunicação com o público interno, assumindo o papel estratégico que possui no processo da informação, precisa ser treinado para a comunicação face a face.

Este é o motivo pelo qual escolhi abordar neste livro, de forma um pouco mais profunda, o papel do líder no contexto da comunicação com o público interno, numa espécie de manual onde os líderes poderão se autoavaliar e conhecer técnicas e estratégias de comunicação face a face. Da mesma forma, as empresas poderão usar esse livro como uma forma de entregar conhecimento aos seus líderes, preparando-os para a comunicação face a face e mostrando o lugar que ocupam no processo de comunicação interna e endomarketing. Afinal, de nada adianta canais, campanhas, instrumentos e ações fabulosas, se os líderes não forem capazes de inspirar suas equipes.

# O líder como primeiro e principal canal

**U**ma das definições mais claras e assertivas que já ouvi sobre liderança é do consultor e escritor Vicente Falconi. Para ele,

*"Líder é aquele que bate meta junto com a sua equipe, fazendo isso de forma ética".*

O primeiro passo para bater a meta é convocar a equipe e se comunicar com ela. Numa era em que as pessoas se comunicam o tempo todo por escrito e por meios eletrônicos, o diálogo que pode e deve ser estabelecido entre o líder e a sua equipe é a mais importante estratégia de engajamento que existe, pois influencia diretamente no cumprimento dos objetivos da área e da empresa como um todo.

O processo para bater a meta é colaborativo e começa com a discussão sobre os caminhos a serem seguidos e a construção de um plano de ação. Quando um grupo sai de uma sala com um plano de ação construído de forma colaborativa, a possibilidade de que aquele passe a ser considerado o plano de todos, por todos, é de quase 100%. Mas, qual a estratégia corporativa que serve como pano de fundo para que isso aconteça?

## *A informação é a melhor estratégia.*

A informação é, sem dúvida alguma, a melhor estratégia. Refiro-me à informação rápida, transparente e engajadora. A informação é o produto da comunicação com o público interno e a principal estratégia de alinhamento dos empregados em relação a tudo aquilo que a empresa deseja construir e obter.

**Em primeiro lugar, uma pessoa não pode gostar daquilo que não conhece.**

Para gostar da empresa, as pessoas precisam entender o que ela é, onde está, qual a sua dimensão, quais os seus valores, quais as competências essenciais que determinam as suas contratações, o que oferece ao seu público interno e, principalmente, o que espera dos seus empregados em relação a procedimentos internos e, principalmente, conduta. Obviamente, isso deve fazer parte do processo de integração de novos empregados. Mas, se a empresa tiver uma Proposta de Valor ao Colaborador estruturada, conforme coloquei num dos capítulos anteriores, o empregado já entrará sabendo o que a empresa oferece ao seu público interno em nível de benefícios e incentivos, pois esses atributos já terão sido divulgados nos processos de atração, recrutamento e seleção.

O jornalista Alexandre Teixeira, quando fala de felicidade no ambiente corporativo, usa uma expressão que gosto muito: "quando a pessoa certa cai na empresa certa". Isso tem tudo a ver com *EVP – Employee Value Proposition*. Acredito que um bom processo de atração e seleção é capaz de encontrar a pessoa certa, assim como um bom programa de integração contribui para que o empregado se sinta a pessoa certa, caindo na empresa certa, e esse pode ser o primeiro passo para o seu engajamento.

Na agência que dirijo, sempre que alguém entra para a nossa equipe, participa de um ritual chamado "Café da Integração" que faço questão de realizar pessoalmente. Nesse encontro, conto a história da agência, falo dos nossos valores, da forma como pensamos e conduzimos o nosso negócio e, principalmente, dos bons e maus momentos pelos quais já passamos. Faço isso porque entendo que, mais do que gostar da agência, as pessoas que entram devem respeitar o negócio que, para nós, não foi fácil construir. E para gostar e respeitar, é preciso conhecer.

Posso dizer que não são poucas as vezes em que vejo os olhos das pessoas brilharem ou se encherem de lágrimas quando conto a nossa história. Acredito que isso aconteça porque, ao contar a história, torno aquele momento inspirador. Um momento no qual contribuo para que as pessoas acreditem que sonhos podem se tornar realidade.

Segundo Rodrigo Cogo, autor do livro *"Storytelling – As narrativas da memória na estratégia da comunicação"*, "o conhecimento sobre a história da empresa passa a ser um novo critério em razão do seu potencial em agregar valor, ajudando inclusive a compreender sobre os valores provenientes da fundação e como interferem na forma como ela toma suas decisões". Segundo ele, "não há dúvidas de que tanto a história quanto a memória podem ser poderosos processos para a construção de marca, identidade e consolidação da cultura e da comunicação organizacional, fortes geradoras de confiança".

Rodrigo Cogo coloca que "as organizações criam as suas histórias e referências e forjam os seus heróis, ritos, mitos e rituais. E as organizações que sistematizam o registro desses elementos ligados ao simbólico e as comunicam para todos os seus públicos têm as suas identidades fortalecidas, missões protegidas e destinos assegurados. A memória ajuda a fortalecer laços de pertencimento e é onde as empresas buscam marcos e elementos que ajudem na construção de uma cultura interna, na busca de sua legitimação em relação aos diversos públicos com os quais se relaciona". Acredito, particularmente, que um dos principais motivos que levam as pessoas a se desligarem das empresas é a ausência de conhecimento sobre o que estão ajudando a construir, ou perenizar.

Com relação à atuação do líder, especificamente, considero essencial que ele permita às pessoas conhecê-lo, contando a sua história de vida e a sua trajetória profissional, além de falar sobre as suas crenças.

Considero importante, também, que o líder faça uma integração do empregado à área em que ele irá atuar, explicando tudo o que for possível sobre ela. Reforço isso porque sabemos que muitos empregados são literalmente "atirados" nas empresas, nas áreas e nas funções para as quais foram contratados. Nas áreas administrativas, muitos ainda ficam dias esperando por uma mesa, um computador e um telefone.

**Em segundo lugar, uma pessoa não luta por objetivos ou metas que desconhece.**

Como a pessoa vai contribuir para que uma meta seja batida, sem conhecê-la? Tanto a empresa quanto os líderes precisam ter uma preocupação primordial com a divulgação dos desafios que se propõem a enfrentar e a cumprir, pois as pessoas somente lutarão e trabalharão com afinco por aquilo que lhes tenha sido informado. Acredito muito na capacidade de engajamento das pessoas, mas sei que, para isso, precisam ser estimuladas e, principalmente, lideradas.

> *As pessoas precisam saber a que se engajar.*

Na agência que dirijo, sempre participamos de concorrências para conquistar grandes contas. Durante quase dez anos mantivemos a conta da maior empresa privada brasileira na época. Mas, para isso, tínhamos que participar de uma nova concorrência a cada dois ou três anos (os períodos entre uma concorrência e outra variavam). A cada concorrência ficávamos extremamente inseguros e com medo de perder a conta por dois motivos:

- era um cliente que nos desafiava, que nos permitia ousar e que adorávamos atender;
- contávamos com uma equipe de aproximadamente quinze pessoas que teriam que ser realocadas ou demitidas, caso não ganhássemos a concorrência, garantindo a continuidade da conta.

Lembro de, a cada concorrência, reunir a equipe e informar sobre o quanto vencê-la era significativo para a agência, explicitando esses dois motivos.

## *Para engajar é preciso entregar a informação e a explicação da informação.*

Mas a minha lembrança mais marcante se refere ao nível de engajamento de todos, independente de cargo ou função, para apresentarmos a melhor proposta em cada concorrência, o que não aconteceria se não tivéssemos tido a preocupação de informá-los sobre aquele desafio com a clareza necessária.

**Em terceiro lugar, uma pessoa não tem como informar sobre aquilo que não sabe.**

Talvez esse seja o maior problema do mau atendimento ao cliente. Como repassar uma informação completa sem tê-la recebido por parte da empresa? Da mesma forma, o líder precisa receber informações para poder repassar para a sua equipe. Obviamente, uma pessoa pode buscar pela informação, mas para isso ela tem que estar disponível.

## *A informação é uma responsabilidade da empresa.*

Para que a comunicação líder/equipe realmente aconteça, a empresa precisa disponibilizar a informação sobre seus objetivos, estratégias, resultados, programas, projetos, processos e outras. São muitos os grupos de conteúdo sobre os quais uma empresa pode e deve comunicar para engajar seus empregados. Esses grupos foram abordados num dos primeiros capítulos deste livro.

Mas o que é exatamente uma informação?

## *A informação é decorrente de uma decisão, iniciativa ou fato.*

Uma empresa toma uma decisão e deve transformá-la em informação para que seja transferida ao seu público interno. Da mesma forma, quando planeja, realiza e mantém um programa, projeto, processo ou qualquer ação que represente uma iniciativa, a empresa precisa informá-la. Por exemplo, um plano de cargos e salários, um benefício que foi ampliado, um novo sistema de cobrança, ou uma iniciativa que partiu do público interno.

Existem, também, fatos que acontecem na empresa, negativos ou positivos, cuja informação pode evitar boatos ou contribuir para tornar a sua imagem interna ainda mais positiva. Um exemplo de fato positivo pode ser a visita de um cliente importante para realizar uma compra que representará um aumento considerável no faturamento. Um exemplo negativo pode ser um acidente de trabalho.

## A informação segue três caminhos dentro da empresa:

**O primeiro caminho** seguido pela informação que, na minha opinião, além de ser o caminho natural, deve ser priorizado, é por meio da liderança. A Direção para os líderes que, por sua vez, devem repassar para as suas equipes.

**O segundo caminho** é composto pelos canais, campanhas, instrumentos e ações de endomarketing por meio dos quais a informação é disponibilizada para o público interno.

Esses dois caminhos: a informação repassada por meio da liderança e a informação veiculada nos canais, campanhas, instrumentos e ações de endomarketing são complementares. Entendo que de nada adianta a empresa possuir bons canais de comunicação com o público interno e realizar campanhas de endomarketing altamente criativas e engajadoras, se os líderes não assumirem o papel estratégico que possuem no processo da informação. Da mesma forma, de nada adianta os líderes fazerem a sua parte se a informação não for oficializada e disponibilizada em canais, campanhas, instrumentos e ações.

Entre esses dois caminhos, o primeiro (por meio do líder) é o mais difícil de ser implementado e se caracteriza como o maior desafio das empresas no momento em que implantam processos de endomarketing.

## *É comum os líderes não assumirem o papel estratégico que possuem no processo da informação.*

Isso acontece porque muitos líderes ainda não se conscientizaram de que devem ocupar o lugar de intermediários entre a direção da empresa e o pessoal da base.

Ao realizar processos de diagnósticos, tenho encontrado líderes totalmente escondidos na base da pirâmide organizacional, se comportando como se não exercessem cargos de liderança e como se não tivessem a obrigação de representar a empresa perante as suas equipes. Dessa maneira, passam a existir apenas dois níveis hierárquicos na empresa porque os líderes estão escondidos na base, conforme representa a figura abaixo.

Algumas empresas possuem dificuldade de enxergar esse fator e, mesmo quando se dão conta de que ele está acontecendo e que isso pode ser totalmente prejudicial para a sua imagem interna, esperam que esse quadro seja revertido sem fazer nenhum esforço. Para que o líder realmente ocupe o espaço devido e evidenciado na figura abaixo, as empresas têm que se dedicar a cinco movimentos relevantes e, ao mesmo tempo, bastante trabalhosos.

Esses seis movimentos pressupõem que o líder somente assumirá o seu papel na comunicação líder/equipe se for: empoderado e responsabilizado, treinado, desafiado a realizar rituais, instrumentalizado e monitorado.

**O terceiro caminho** da informação acontece por meio da comunicação informal que todos conhecemos. Sabemos que o público interno possui um acesso formal (por meio do líder e dos canais, campanhas, instrumentos e ações) e um acesso informal (por meio de conversas, comentários e boatos) à informação.

*As pessoas se comunicam entre si, independentemente de organograma.*

Por isso, a importância de um processo estruturado, sistemático e integrado de endomarketing que considere um bom programa de comunicação líder/equipe. Essa necessidade determina que as empresas assumam, desenvolvam e incorporem as seis etapas citadas acima, que descrevo a seguir, citando alguns exemplos que podem servir para a implantação de um bom programa de comunicação líder/equipe.

### Etapa 1

### EMPODERAMENTO E RESPONSABILIZAÇÃO DO LÍDER

Empoderar significa liberar e incentivar o poder que existe nas pessoas, seu conhecimento, experiência e motivação, direcionando essa característica à concretização de resultados positivos para a empresa.

A criação de uma cultura voltada para o empoderamento do líder demanda uma transformação por parte da empresa e a criação de um ambiente organizacional no qual isso possa se estabelecer como uma verdade. Em outras palavras, para que o empoderamento da liderança realmente aconteça, as empresas necessitam mudar o seu jeito de pensar e de tratar seus líderes.

Acredito que as empresas ainda veem o empoderamento dos líderes como "dar a eles o poder total para tomar decisões sem consultar a diretoria". E penso que talvez essa visão equivocada explique o porquê de tantas empresas ainda terem dificuldade de tocar o coração e a mente desse público. Definir o empoderamento do líder como a empresa dando poder a ele, mantém a ideia de que a empresa é – e sempre será – a controladora, e ignora o fato de que, se a pessoa ocupa um cargo de liderança é porque já possui poder. Refiro-me ao poder do conhecimento, da experiência e da capacidade de engajar pessoas. Mas muitos líderes ainda não se deram conta do poder interior que possuem, o que gera um espaço muito interessante para que a empresa faça a provocação e assuma essa responsabilidade.

Há alguns anos, recebemos uma nova jornalista que chegou para fazer parte da equipe editorial da agência e, já no ritual do Café de Integração, percebemos o seu entusiasmo com a profissão que escolheu, a sua capacidade de comunicação e a expectativa que tinha em relação à nossa empresa. Depois de algum tempo como uma das jornalistas do núcleo editorial da agência (área responsável por produzir revistas, newsletters, books, cases e outros produtos editoriais), tivemos que substituir rapidamente a gerente dessa área e a escolhemos para ocupar o cargo. Ao escolhê-la, levamos em consideração o fato de que, além de manter as qualidades demonstradas no seu primeiro dia, possuía uma série de outros atributos profissionais que a faziam merecer uma oportunidade como líder da área. Ao fazer isso e justificar a nossa decisão, falando dos seus atributos positivos e dizendo que acreditávamos que o seu potencial seria melhor aproveitado como líder, nós a estávamos empoderando.

A nossa decisão foi totalmente acertada. Aos poucos, o núcleo editorial passou a ser um exemplo de qualidade e de produtividade, resultado do engajamento e da integração da equipe sob a sua liderança. Alguns anos depois, quando nós, sócios/diretores, começamos a ser impedidos de cuidar das questões operacionais em função do aumento no número de clientes e das muitas viagens que fazemos para atender empresas em outros estados, chegamos à conclusão de que precisávamos de alguém que liderasse toda a nossa operação. Qual foi a primeira pessoa na qual pensamos? Nessa jornalista. Por quê? Porque queríamos que a agência inteira funcionasse como o núcleo editorial.

Quando promovemos essa jornalista à diretora operacional e solicitamos a ela que colocasse a sua capacidade profissional e a suas qualidades como líder a serviço de toda a agência, é que aconteceu o verdadeiro empoderamento. Nesse momento, conseguimos mostrar a ela a relação direta que existe entre o poder e o desempenho. Além de incentivá-la a assumir cada vez mais o seu próprio poder, ainda beneficiamos o nosso negócio tendo-a como diretora operacional.

O leitor deve estar se perguntando como ficou o núcleo editorial sem a liderança dessa jornalista. Pois conseguimos atrair e contratar uma outra jornalista com características muito parecidas e temos nos esforçado para também empoderá-la. Estou contando essa história para mostrar a importância de empoderar os líderes, gerando oportunidades, salientando os seus atributos positivos e fazendo-os acreditar na capacidade de expandir a sua atuação.

Se o líder deve ser o primeiro e principal canal de comunicação com o público interno, a empresa precisa dizer isso a ele da forma mais clara possível. O que a empresa tem que fazer é um chamamento, distinguindo o líder como um profissional-chave que pode fazer a diferença ao assumir o desafio que lhe está sendo proposto. Ao líder, cabe aceitar esse chamado e vestir a camiseta de comunicador. A empresa pode provocar, sugerir, solicitar, incentivar e desenvolver, mas não pode impor a sua vontade.

Existem líderes que aceitarão o chamado e outros não. Afinal, líderes são seres humanos e nenhuma pessoa é igual a outra. Sempre vão existir profissionais que não verão esse chamado como uma oportunidade de desenvolvimento e, também, de apresentar melhores resultados por meio da sua equipe.

Mas como a empresa deve agir no sentido de responsabilizar o líder? Aqui, quero chamar a atenção para a importância do Presidente da empresa, pois existem etapas que precisam ser assumidas por ele. Penso que nada influencia e inspira mais do que um Presidente que valoriza a comunicação com o público interno, aceitando assumir ou, pelo menos, fazer parte de alguns dos movimentos planejados. Penso que empoderar os líderes e confiar que serão capazes de conduzir suas equipes para a obtenção de resultados, requer um foco muito grande em comunicação por parte do Presidente. Confiança é um ingrediente essencial para que o empoderamento aconteça. Os líderes precisam entender como aquele que está acima deles pensa e se comporta em relação ao que está propondo. Tudo isso requer comunicação.

Dentro desse contexto, tem que existir a consciência de que a nova geração está cada vez mais assumindo cargos de lideranças nas empresas e que esse é um público que se identifica mais com os "donos das marcas" do que com as próprias marcas.

O empoderamento e a responsabilização podem acontecer por meio de uma mensagem do Presidente que exponha claramente a expectativa da empresa, o que pode acontecer de diversas maneiras, entre elas:

- pessoalmente, quando a distribuição geográfica da empresa e o número de líderes permite que isso aconteça;

- por videoconferência, quando essa for a maneira de atingir todos os líderes ao mesmo tempo;

- por meio de um filme do Presidente – o que é interessante –, pois a empresa fica com um instrumento para ser usado nos momentos em que promover profissionais a cargos de liderança, ou contratar novos líderes.

Alguns dos treinamentos de lideranças para a comunicação face a face que tenho ministrado têm sido abertos pelo Presidente, momento que ele aproveita para responsabilizar e/ou reforçar o que já foi dito por outros meios. Quando isso não é possível, é comum as empresas gravarem um vídeo com o Presidente para abrir os treinamentos. E se o Presidente for um "contador de histórias", melhor ainda, pois os líderes gostarão de ouvi-lo, pois boas histórias tocam o coração das pessoas. Quanto mais visível, humana e direta for a alta direção da empresa, maior será o índice de adesão por parte dos líderes ao papel de primeiro e principal canal de comunicação da empresa.

## *A fala do comandante tem poder, ao mesmo tempo que empodera.*

Estou me referindo à "fala do comandante" chegando a cada líder. Isso tem muito mais valor do que qualquer instrumento ou campanha de endomarketing. Um instrumento pode ser eficaz, mas não tem a mesma eficiência que a fala de um Presidente. Para se sentirem empoderados, os líderes precisam sentir a confiança da alta liderança.

Wei Zheng, assessor direto do Imperador Tang Thaizong, da China, uma vez disse a ele: "Vossa Majestade nomeou homens dignos para postos importantes. Deu-lhes muitas responsabilidades, mas não confiou o suficiente neles. Essa falta de confiança faz com que eles tenham receios, e esses receios impedirão que façam um bom trabalho. Eles executarão suas tarefas rotineiras de modo superficial, com pouco senso de dever. E é impossível esperar que trabalhem para estabelecer uma longa dinastia. Se um governante não confia em um de seus ministros, ele não pode fazer uso desse ministro. Se um ministro não confia em seu governante, ele tampouco pode servir ao governante. A confiança mútua é a base de um trabalho conjunto, e esse sentimento só acontece quando nem o governante nem os ministros são guiados por interesses próprios".

Além das estratégias citadas acima para responsabilizar os líderes pela comunicação com suas equipes, algumas empresas costumam criar um selo que os identifica como primeiro e principal canal, ou como líderes comunicadores. Esse selo serve para ser usado sempre que a empresa estiver se comunicando diretamente e unicamente com os seus líderes, como um código visual entre as duas partes. Assim, sempre que os líderes virem o selo, saberão que o Presidente ou a empresa está falando exclusivamente com eles, ou está antecipando uma informação para eles, para que tenham conhecimento sobre o assunto antes que as suas equipes.

A responsabilização do líder não deixa de ser uma recontratação ou uma repactuação por parte da empresa, momento em que ela retoma as suas expectativas em relação ao papel do líder enquanto canal de comunicação. Mas isso não deve acontecer uma única vez. É essencial que a empresa faça essa recontratação, ou repactuação, de tempos em tempos, lembrando os líderes sobre a responsabilidade que possuem no processo da informação. Isso pode acontecer, de forma sistemática, nos momentos em que a direção da empresa estiver em contato com eles, ou por meio de instrumentos diretos.

**Etapa 2**

## TREINAMENTO DO LÍDER

Líderes são profissionais com formação nas mais diversas áreas, que não têm a obrigação de conhecer e de dominar técnicas e estratégias de comunicação face a face. Por isso a importância do treinamento, mas não estou me referindo aos extensos programas de desenvolvimento de lideranças que as empresas desenvolvem, nos quais existe um módulo que se refere à comunicação e que trazem conceitos gerais e não uma abordagem específica para o dia a dia do líder junto à sua equipe. Embora sejam de extrema importância, esses programas mais longos que possuem apenas um módulo sobre comunicação, não são suficientes para preparar o líder como um canal. É preciso um programa totalmente focado em técnicas e estratégias de comunicação face a face.

A verdade é que muito se fala sobre a importância da comunicação líder/equipe, mas apesar da expectativa que possuem em relação a isso, muitas empresas ainda não se deram conta da falta de habilidade e de conhecimento que alguns profissionais possuem para exercê-la. Kevin Murray, para escrever seu livro *"A linguagem dos líderes"*, entrevistou mais de 50 CEOs de grandes corporações mundiais e, quando perguntou a eles se proporcionavam treinamento de comunicação para os seus gerentes, a resposta foi "não".

Sabemos que a informação oriunda da alta administração é fundamental, mas é a partir da comunicação entre os líderes intermediários e suas equipes que o resultado realmente acontece. O melhor treinamento, no meu entender, é o que aborda conceitos básicos da comunicação com o público interno e se detém nas técnicas e estratégias de comunicação face a face. Um pouco dessas técnicas e estratégias estarão descritas no próximo capítulo, quando pretendo me deter naquilo que o líder colaborativo precisa saber e exercitar para ser um bom comunicador.

Para não tirar os líderes de suas áreas de trabalho, especialmente os que atuam nas áreas operacionais das indústrias, o ideal são workshops rápidos de 4 a 8 horas/aula e com exemplos práticos. Mas é claro que não basta treinar uma única vez. O ideal é treinar de forma sistemática, além de produzir um manual com o conteúdo do treinamento para ser usado em processos de integração de novos líderes, o que cumprirá com o papel de informá-los até que o próximo treinamento aconteça.

Há alguns anos planejamos para um cliente o Clube do Líder, um espaço dentro da empresa onde, além de acontecerem os treinamentos para a comunicação face a face, os líderes encontravam uma biblioteca com livros sobre esse assunto e um ambiente convidativo à leitura. Além disso, planejamos um programa de reconhecimento com a chancela do líder. Existem empresas que possuem um espaço na intranet ou um hotsite exclusivo para o líder no qual são publicados artigos, dicas e uma série de informações que mantém o líder conectado com o assunto.

Essas são estratégias que complementam os esforços de treinamento e que podem ser adotadas e adaptadas por qualquer empresa.

## Etapa 3

### RITUAIS DE INFORMAÇÃO

Acredito que a empresa não deve deixar que o líder se lembre de realizar rituais de informação, pois isso certamente não acontecerá, pelo menos não com a periodicidade necessária. Alguns lembrarão e, outros, não. Aqueles que se lembrarem, não necessariamente o farão de forma continuada. Por isso, proponho que a empresa assuma também essa responsabilidade: a de criar rituais de informação, ou rituais de comunicação face a face, para que o líder os realize.

É evidente que cada empresa saberá de quais rituais necessita para que a comunicação face a face aconteça de forma sistemática e organizada. Mas quero contar sobre uma estratégia que temos proposto a alguns dos nossos clientes e que tem obtido resultados bastante satisfatórios. Essa estratégia consiste em determinar um dia do mês para que os líderes realizem uma reunião de informação com as suas equipes. A esse dia, sugerimos que a empresa dê um nome específico como, por exemplo, "Dia da Informação" ou "Dia da Transparência", o que auxiliará no esforço de divulgação.

Nessa data – determinada pela área de comunicação, juntamente com a diretoria da empresa –, os líderes devem reunir as suas equipes e realizar uma reunião de informação. Após ter sido definida, a data é informada com antecedência para o público interno por meio de peças nos canais internos de comunicação. Essa comunicação é importante para que as pessoas possam cobrar os seus líderes de realizarem a reunião.

Nesse formato, o líder precisa ter liberdade total para escolher o melhor horário e formato, uma vez que existem diferenças entre equipes administrativas e operacionais, de tamanhos das equipes, de tipo de trabalho que executam, de turnos etc. A data é a única regra que o líder precisa respeitar. O importante é realizar a reunião de informação no dia determinado pela empresa. Assim, todos os empregados terão acesso às mesmas informações ao mesmo tempo, independente da área em que atuam. Na área operacional, os gerentes, coordenadores e supervisores poderão decidir quem realizará a reunião com o pessoal de base, podendo também decidir realizar a reunião em conjunto, o que será bastante positivo.

Existem empresas que agem de outra forma, determinando que os líderes realizem uma reunião por mês com suas equipes, e os instrumentalizam para isso, mas com a diferença de que cada um pode escolher a data em que a realizará. O problema dessa prática está no fato dos líderes escolherem diferentes datas. Isso faz com que algumas pessoas recebam as informações antes que outras, gerando ruídos e boatos.

Para o sucesso dos rituais de informação, é importante que

os líderes tenham clareza sobre a diferença entre uma reunião de gestão e uma reunião de informação, pois a confusão, ou a sobreposição entre as duas, é bastante comum.

## Reunião de gestão
## x
## Reunião de informação

**Reunião de gestão –** É uma reunião de trabalho que o líder realiza com a sua equipe para "tocar a operação do dia a dia", o que acontece de forma sistemática, ou conforme a demanda de trabalho.

**Reunião de informação –** É a reunião que o líder deve realizar com o objetivo específico de repassar informações corporativas por meio da pauta fornecida pela empresa.

As reuniões de informação servem, também, para:

- desfazer boatos;
- explicar os porquês de determinadas decisões;
- colocar o posicionamento da empresa sobre determinados assuntos;
- ouvir as pessoas.

Ao participarem dessas reuniões, as pessoas precisam perceber a informação como um benefício. Com isso, verão também a preocupação da empresa em mantê-las bem informadas sobre tudo o que acontece internamente, compartilhando conteúdos relevantes com todos os seus empregados.

Mas existe, ainda, um terceiro tipo de reunião que é a reunião de ouvidoria.

**Reunião de ouvidoria –** É a reunião que o líder precisa realizar para ouvir a sua equipe e o ideal é que aconteça de três a quatro vezes por ano, se possível, também em data determinada pela empresa.

Uma reunião de ouvidoria serve para:

- demonstrar que a empresa está aberta para ouvir os seus empregados;
- conhecer a opinião das pessoas sobre os processos e o ambiente de trabalho específico daquela área;
- permitir que as pessoas deem sugestões de melhoria relacionadas com o ambiente de trabalho;
- dar retorno imediato aos empregados sobre as questões ou sugestões colocadas por eles, sempre que possível;
- se comprometer com um retorno posterior, caso o assunto ou sugestão precise ser analisado pela diretoria da empresa.

Na reunião de ouvidoria é muito importante que o líder conduza os assuntos de forma que o encontro não se transforme num momento de queixas ou de reivindicações em relação à empresa, pois as questões a serem discutidas devem ser restritas e específicas de cada área.

**Etapa 4**

## INSTRUMENTALIZAÇÃO DO LÍDER

Para que os rituais de comunicação líder/equipe aconteçam, o líder tem que ser instrumentalizado pela empresa com as informações a serem repassadas para a equipe. Afinal, como coloquei no início deste capítulo, "ninguém informa sobre o que não tem conhecimento".

Existem duas formas da empresa instrumentalizar suas lideranças: **verbal** e **escrita**, que podem ser complementares.

**Instrumentalização verbal** – A forma verbal é o que as empresas chamam de *"cascade* da informação", quando a diretoria se reúne com os gerentes que, por sua vez, se reúnem com as chefias intermediárias (coordenadores e supervisores) que, por fim, se reúnem com as suas respectivas equipes, repassando a informação que receberam. Nesse processo, a informação vai descendo, cargo a cargo, até chegar ao pessoal de base. Mas o *cascade* verbal não é o mais eficaz, pois a audição representa apenas 12% do processo de aprendizado e de assimilação. Assim, é muito possível que o conteúdo se deteriore um pouco em cada etapa do repasse.

**Instrumentalização por escrito** – As empresas que realizam apenas o repasse verbal são poucas. A maioria, além do processo de *cascade* verbal, consolida as informações num material escrito e entrega aos líderes para que usem no repasse para as equipes. Isso normalmente acontece por meio de um arquivo de Word ou de PowerPoint. Neste caso, o ideal é que um profissional de comunicação assista a reunião dos Diretores com os Gerentes, registre as informações e, a partir daí, gere um material por escrito a ser entregue aos demais níveis de liderança que participam do *cascade*. Por isso, coloquei que as duas formas podem ser consideradas complementares.

As empresas que solicitam que os seus líderes façam pelo menos uma reunião de informação por mês com as suas equipes, determinando uma data para isso ou não, costumam instrumentalizar seus líderes por meio de pautas. São e-mails com cabeçalhos pré-definidos que os líderes recebem com o conteúdo a ser repassado. Geralmente, o nome desse instrumento é "Pauta para a Comunicação Líder/Equipe" ou "Pauta para a Comunicação Face a Face" ou "Pauta Informativa". Obviamente, existem outros nomes, mas a palavra "pauta" é o que, na maioria das vezes, caracteriza o instrumento. Essa pauta pode trazer um ou vários assuntos. Geralmente, são diversos conteúdos apresentados por tópicos com a informação, acompanhada da explicação da informação.

Quando a empresa determina o "dia da informação" – o que pressupõe que todos os líderes realizarão a reunião no mesmo dia –, deve enviar a pauta até dois dias antes, a fim de que os líderes possam se preparar para repassá-la, ou buscar mais informações sobre os assuntos que não entenderam.

Algumas empresas enviam, junto com a pauta informativa, uma pauta específica de Recursos Humanos, separando esse grupo de conteúdo dos demais, com o objetivo de discorrer um pouco mais sobre cada programa ou processo, além de trabalhar o líder para que atue como um "agente de RH" na sua área. Além dessas pautas, cada líder poderá reunir, também, conteúdos sobre decisões e/ou iniciativas da sua área que devam ser do conhecimento da sua equipe, mas sem correr o risco de transformar a Reunião de Informação numa Reunião de Gestão.

As pautas devem ser enviadas para todos os líderes: diretores, gerentes, coordenadores e supervisores. Esses líderes decidirão entre si quem realizará a Reunião de Informação com as pessoas da base administrativa e operacional.

Existe, também, a "Pauta Extra", enviada sempre que a empresa precisa que os líderes divulguem uma informação imediatamente para as suas equipes. Ao receber a "Pauta Extra", os líderes devem reunir as suas equipes naquele exato momento e fazer a comunicação. Isso acontece, geralmente, quando a empresa percebe que existe a possibilidade da informação ser divulgada pela imprensa e faz um esforço para que os seus empregados sejam os primeiros a saber. Em alguns momentos, quando a informação a ser repassada é um assunto mais complexo e de conteúdo mais extenso, a empresa opta por enviar a pauta informativa numa apresentação em PowerPoint, facilitando o repasse por parte do líder.

Existem, também, as empresas que depositam as informações num espaço específico para o líder na intranet, avisando-o de que o conteúdo está disponível. Isso acontece, principalmente, nas empresas que já possuem um programa líder/equipe institucionalizado e uma cultura de empoderamento do líder. Obviamente, existem outras formas de instrumentalizar as lideranças para a comunicação face a face. As que citei acima são algumas delas, que fazem parte da metodologia que criamos na agência que dirijo para trabalhar a comunicação líder/equipe, dentro daquilo que acredito ser o melhor e o mais simples.

## Etapa 5

### MONITORAMENTO DO PROCESSO

Em pesquisas quantitativas, nas questões que medem a eficácia e a sistemática da comunicação líder/equipe, é comum termos uma disparidade ou antagonismo entre as respostas dos líderes e as das pessoas da base. O que acontece é que as respostas dos líderes normalmente são positivas: "realizo reuniões de informação e de ouvidoria", "repasso as informações que recebo", "respeito a sistemática proposta pela empresa" etc. Em contrapartida, as respostas das pessoas da base são: "nem sempre", "não realiza", "depende do líder" etc.

Em resumo, os líderes acreditam que estão praticando a comunicação face a face, enquanto as pessoas da base não possuem essa percepção. Isso torna necessário acrescentar um outro modelo de monitoramento por parte da empresa, o que pode ser fácil ou não, dependendo do tamanho da empresa.

Nas empresas ou unidades pequenas é fácil acompanhar se os líderes estão ou não realizando reuniões de informação. É possível, inclusive, acompanhar algumas reuniões para ver se a informação está sendo repassada como deveria. Mas, se a empresa ou a unidade for muito grande, é preciso buscar outros recursos como, por exemplo, o uso de um formulário para monitoramento. Esse formulário pode ser enviado por e-mail ou em papel, dependendo do tamanho da empresa, um dia após a realização do ritual da informação, solicitando que o líder o preencha com dados sobre a reunião:

- em que horário foi realizada;
- quanto tempo durou;
- quantas pessoas participaram;
- quais as dúvidas levantadas;
- quais as sugestões recolhidas;
- outros detalhes que a empresa considerar importantes.

Ao preencher o formulário e devolver para a área de endomarketing, o líder estará comprovando a realização e evidenciando a aderência e a reação das pessoas à reunião de informação. Embora seja uma estratégia burocrática, que atribui ao líder mais uma responsabilidade, o formulário para monitoramento é eficaz em nível de controle. Além disso, acredito que uma forma eficiente de incentivar e monitorar a comunicação líder/equipe é atrelar a prática da comunicação face a face à remuneração variável do líder, independente do controle ser feito mediante pesquisa, ou formulário.

Essas cinco etapas – **empoderar** e **responsabilizar**, **treinar**, **criar rituais**, **instrumentalizar** e **monitorar** – são complementares e precisam ser seguidas para que uma empresa consiga implantar e sustentar um processo de comunicação líder/equipe que realmente produza resultados em nível de informação.

Dentro do processo de endomarketing, a comunicação líder/equipe é complementar aos canais de comunicação interna, às campanhas de endomarketing e às demais ações de integração, de celebração e de reconhecimento. Todas essas partes juntas, contribuem para que as pessoas se sintam bem informadas sobre a empresa e, a partir daí, se engajem aos desafios propostos.

Acredito muito no poder do líder como comunicador, desde que a empresa se dedique a fazer com que isso aconteça. Quando as empresas para as quais trabalho diminuem, ou extinguem seus encontros e convenções de líderes por questões de custo, costumo argumentar dizendo que

*uma empresa pode economizar em tudo, menos no alinhamento das suas lideranças.*

De tempos em tempos, a direção da empresa precisa reunir suas lideranças para alinhamento e, principalmente, para motivá-las a continuarem assumindo o papel que lhes cabe no processo da informação.

É comum as empresas concentrarem seus encontros e convenções de líderes no segundo semestre, ou no final do ano. Mas a minha opinião é que esses eventos devem acontecer no início de cada ano, exatamente para que a empresa possa empoderar e motivar seus líderes para mais um ano de trabalho, definindo o grande objetivo do ano e os desafios de cada um. No final do ano, é hora de promover o reconhecimento e de agradecer.

É claro que o ideal é que as empresas também mantenham encontros menores, ou outro tipo de contato, a cada três ou quatro meses, mesmo que seja por videoconferência, a fim de reativar, nesses líderes, a vontade de fazer mais e melhor no que se refere à comunicação com suas equipes.

# 9

# Técnicas e estratégias de comunicação face a face

 filósofo grego **Aristóteles** foi um dos fundadores da teoria da comunicação. Ele acreditava que a persuasão, que se caracteriza como um dos grandes desafios de um líder, ocorre na presença de três fatores: **etos**, **logos** e **páthos**.

- O **etos** representa a credibilidade do emissor, de quem está entregando a informação.

- O **logos** é a persuasão por meio de dados, fatos, raciocínios e estatísticas.

- O **páthos** é quando o emissor recorre à emoção para convencer as pessoas.

Aristóteles atribuía 10% da comunicação ao etos (credibilidade), 25% ao logos (dados concretos) e 65% ao páthos (emoção), o que mostra a importância dos fatores humano e emocional.

A comunicação por meio eletrônico tem se mostrado rápida e eficiente. Em contrapartida, é uma comunicação com grandes chances de "ruído" no envio das mensagens, influenciando negativamente o relacionamento do líder com os seus subordinados. Ocorre que na comunicação digital, a não ser que seja usado o recurso da câmera, o empregado não vê o rosto do líder, ou seja, não percebe o seu estado emocional. Mesmo que o líder use os emoticons, sempre será um contato mais frio, que pode gerar entendimentos negativos ou indiferença. Sabemos que o processo de evolução do homem, nos últimos tempos, aconteceu pela tecnologia, que os negócios estão em plena reconfiguração, passando do mundo dos produtos para o mundo dos serviços, do fixo para o móvel, mas a experiência ainda é o que conta.

Hoje, fala-se muito em marketing da experiência. Tenho ouvido, por exemplo, muitas pessoas dizendo que preferem gastar seu dinheiro com experiências em detrimento de bens materiais. O marketing da experiência refere-se à percepção do cliente. No caso do endomarketing, a experiência que importa é a do empregado. E uma das mais relevantes na vida de uma pessoa é o relacionamento estabelecido com o seu líder.

Por causa de toda a tecnologia que ingressou nas nossas vidas, o líder precisa cuidar para que a comunicação digital não tome conta da sua relação com a equipe, atentando para a importância da interação humana.

Assim como o artista tem que estar onde o povo está,

## *o líder colaborativo tem que estar onde os seus subordinados estão.*

A liderança de gabinete, com a qual estávamos acostumados a conviver, já não existe mais. Conheço uma empresa de varejo, que possui mais de 300 unidades no país, em que o gerente de loja não possui mais sala. A sua mesa está situada dentro da loja, muito próxima dos operadores de caixa e de toda a equipe de atendimento.

O contato pessoal com o líder, no dia a dia e por meio de reuniões nas quais ele representa a empresa, são de extrema importância para qualquer profissional. É somente por meio da comunicação face a face que se pode exercer uma liderança realmente estratégica, levando a visão da empresa para a sua equipe e fazendo com que as pessoas passem a compartilhar dessa mesma visão.

No endomarketing estratégico,

*líder colaborativo é aquele que incentiva as pessoas a olharem para o futuro.*

Isso significa que, entre os tantos desafios da liderança colaborativa, está o de convencer as pessoas daquilo que a empresa precisa para alcançar os resultados esperados. Porém,

*um líder somente conseguirá convencer as pessoas daquilo que estiver convencido.*

É muito importante que o líder esteja aberto para assimilar, aceitar e representar a empresa por meio de comportamentos que demonstrem o seu convencimento em relação ao que estiver falando. Diante das mudanças, os líderes costumam apresentar três diferentes comportamentos, na ordem que será descrita abaixo, podendo evoluir de um para o outro, ou não.

**Primeiro comportamento:** é o momento no qual o líder ainda não consegue enxergar a mudança, nem entende o seu sentido. Nesse momento, ele se sente fora do que está acontecendo.

**Segundo comportamento:** é quando o líder começa a tentar enxergar aquilo que outras pessoas já estão vendo. Aos poucos, ele começa a entender a mudança, mas ainda não sabe se concorda com ela.

**Terceiro comportamento:** é quando finalmente ele consegue enxergar a mudança por completo e, por consequência, passa a entendê-la. Nesse momento, ele se sente dentro da mudança e se dispõe a participar dela, colaborando para que a sua equipe também a aceite.

O comportamento do líder diante de uma mudança depende, obviamente, da forma como a empresa comunicou esse conteúdo a ele e do quanto conseguiu convencê-lo do contexto, da necessidade e dos benefícios dela. Somente ao adotar o terceiro comportamento (Estou vendo. Estou entendendo. Estou dentro.) é que o líder colaborativo terá condições de intervir junto à sua equipe para que ela o siga, pois uma das tantas definições existentes sobre liderança, que considero muito interessante pelo componente emocional que possui, é:

## *líder é aquele que tem seguidores.*

Acredito que um dos motivos pelos quais nos dispomos a seguir um líder é o modo como ele nos faz sentir. Uma postura inadequada de um líder sabota totalmente a sua credibilidade e, por consequência, a admiração que as pessoas têm por ele.

Líderes que possuem e demonstram autoconfiança passam uma mensagem positiva silenciosa do tipo "acredite, vai ser muito bom" ou "vamos conseguir". Isso tem tudo a ver com carisma que, para mim, é a primeira característica que um líder deve ter. É por ela que começo a citar algumas atitudes, técnicas e estratégias de comunicação face a face, que nada mais são do que comportamentos capazes de tornar o líder, além de colaborativo, um agente de engajamento da sua equipe.

### 1. O carisma em primeiro lugar.

Acredito que toda comunicação começa no cumprimento e termina no agradecimento. Ao chamar a atenção do leitor sobre isso, quero mostrar o quanto uma liderança carismática pode fazer a diferença. Afinal, o carisma se estabelece nas pequenas abordagens do dia a dia, quando um líder cumprimenta, agradece e se interessa pela vida pessoal de cada um, tratando-os como indivíduos que possuem suas histórias de vida.

Uma boa prática é perguntar pelos filhos das pessoas, procurar chamar todos pelo nome, perguntar sobre a faculdade que está cursando, sobre o pai que esteve doente, elogiar uma roupa ou um cabelo diferente, ou questionar sobre um hobby ou um projeto pessoal. Um líder que, ao se aproximar de uma pessoa ou simplesmente passar por ela, pergunta: "E aí? Você continua torcendo pelo time tal?", não está apenas sendo simpático, mas também demonstrando interesse pela vida da pessoa, sem parecer invasivo. O empregado que foi alvo desse tipo de abordagem, certamente comentará com os seus colegas e todos passarão a ter uma imagem positiva do líder em decorrência de uma simples pergunta. Mas, perguntar apenas, não é o suficiente. O líder tem que esperar pela resposta e prestar atenção no que a pessoa diz. Caso a pessoa não responda e simplesmente sorria, o contato já terá sido positivo, pois essa é uma prática que sempre trará bons resultados.

O líder carismático é aquele que se mostra próximo e que é capaz de inspirar as pessoas com o seu jeito de ser. Dentro desse contexto, o líder tem que demonstrar que acredita na empresa e no seu propósito, que gosta do que faz e que se sente crescendo ao atuar de forma colaborativa. Mais do que isso, é decisivo que o líder demonstre que valoriza, respeita e confia na sua equipe.

Howard Friedman, psicólogo que estuda o carisma – um conceito intimamente ligado à paixão –, conta no seu livro *"O projeto longevidade"* sobre uma pesquisa que realizou sobre esse tema. Em primeiro lugar, Friedman criou um questionário para categorizar pessoas de baixo e de alto carisma com perguntas como:

- Quando ouço uma boa música, meu corpo começa automaticamente a se movimentar acompanhando a batida?
- Sou apaixonado pelo meu trabalho?
- Nas festas, sou o centro das atenções?

O estudo, que ele chamou de TCA – Teste de Comunicação Afetiva –, separou as pessoas consideradas magnéticas daquelas que costumam ficar esquecidas nas festas, mensurando a extensão na qual as pessoas são capazes de comunicar seus sentimentos aos outros. Mas Friedman não se satisfez com essa avaliação e criou um teste complementar. Ele escolheu dezenas de entrevistados que tiveram a pontuação muito elevada ou muito baixa no teste, dando a essas pessoas um questionário que perguntava, entre outras coisas, como elas estavam se sentindo naquele momento. Depois disso, colocou as pessoas com alta pontuação e com baixa pontuação juntas numa sala.

Elas ficaram lá por dois minutos, sem poder conversar. Ao final desses dois minutos, foram convidadas a preencher um outro questionário para avaliar seu estado de espírito.

Friedman constatou que, sem dizer uma única palavra, as pessoas altamente carismáticas foram capazes de afetar o estado de espírito das pouco carismáticas.

- Se a pessoa carismática estava feliz, a pessoa pouco carismática que ficou com ela na sala também relatava uma maior felicidade.

- Se a pessoa carismática estava infeliz, a pessoa pouco carismática que ficou com ela na sala também se sentia infeliz.

Isso aconteceu porque as pessoas carismáticas são capazes de demonstrar seu estado de espírito por meio da linguagem corporal, irradiando alegria, paixão ou até mesmo tristeza. Esse estudo mostrou que a paixão, de fato, contagia as pessoas. Aquelas que não se comunicavam de forma emocional, com pouco contato visual, corpo rígido, sem usar gestos para se expressar, não eram tão capazes de influenciar e persuadir os outros, como as pessoas carismáticas.

O relato sobre essa pesquisa está no livro *"TED – Falar, convencer e emocionar"*, de Carmine Gallo. Nesse livro, ele coloca que indivíduos com elevadas pontuações de carisma tendem a expressar mais emoções positivas em suas comunicações, tanto escritas, quanto faladas. Ele coloca, também, que "o sucesso não leva à felicidade. É a felicidade que leva ao sucesso". Dentro desse contexto está o sorriso, um dos aspectos mais fortes da natureza carismática, representando o bom-humor, tão necessário no ambiente corporativo da atualidade.

Estudos mostram que, quando encontramos pessoas com bom-humor, somos levados a atribuir outros traços positivos à sua personalidade. Pessoas com um bom senso de humor são percebidas como simpáticas, agradáveis, extrovertidas interessantes, atenciosas, criativas, inteligentes e perspicazes.

O sorriso está na marca da agência na qual trabalho. Quando as

70 pessoas da nossa equipe chegam para trabalhar, todos os dias, são recebidas com um sorriso de tamanho gigante, representado na nossa marca exposta na recepção. Um bom sorriso também abre portas. Todos sabemos disso. Mas pouco se fala sobre o sorriso ser um sinal de higiene mental e, principalmente, de atenção para com os outros. Um cumprimento acompanhado de um sorriso é muito superior a um cumprimento mais sério, pelo simples fato de que um produz energia e o outro não. Além disso, o sorriso demonstra autoconfiança, uma característica que influencia fortemente a imagem do líder perante a sua equipe.

Como exercício facial, o sorriso faz o cérebro gerar endorfina, uma enzima produzida pela mente humana que causa a sensação de bem-estar. Quando uma pessoa sorri, movimenta 28 músculos do rosto, produzindo essa substância que provoca uma sensação agradável no corpo. No momento que um líder sorri, essa sensação agradável alcança as pessoas com as quais ele está se relacionamento, ou que estão próximas naquele momento, criando um contexto de felicidade ao seu redor.

Obviamente, um líder não tem que ficar o tempo todo sorrindo. O bom senso de cada um mostrará os momentos de interação com a equipe nos quais o sorriso deve ser usado para provocar sensações positivas. Caso identifique em si a ausência dessa qualidade, uma boa estratégia é observar pessoas carismáticas e tentar desenvolver comportamentos que possam ir moldando a sua personalidade, até ser percebido dessa forma pelas pessoas com as quais convive.

## *"Se ainda não somos, temos que fingir ser, até o dia em que nos tornaremos."*

Usei muito essa frase quando criei a agência na qual trabalho, no ano 2000. Naquela época, minha pequena equipe e eu pouco sabíamos sobre endomarketing, mas jamais recusamos um trabalho. A nossa prática era assumir a demanda, voltar para a agência e estudar até descobrir como fazer, agregando a isso a sensibilidade e a criatividade que nos caracterizava. Se não encontrávamos referências ou exemplos, inventávamos. E assim, fomos criando a nossa própria metodologia, hoje usada e aprovada por empresas consideradas benchmarking nesse assunto. A psicóloga social Amy Cuddy disse algo muito parecido num TED (Technology, Entertainment, Design; em português: Tecnologia, Entretenimento, Design, é uma série de conferências com "ideias que merecem ser disseminadas") que assisti recentemente: "Não finja até conseguir. Finja até se transformar".

### 2. Liderar é inspirar pessoas.

La Fontaine, o homem que criava fábulas, dizia:

> *"Se você quer convencer, precisa fazer sonhar".*

Somente uma liderança carismática é capaz de influenciar pessoas ao ponto de fazê-las sonhar.

O escritor Jamil Albuquerque, no seu livro *"A arte de lidar com pessoas"*, coloca que "se um líder quiser influenciar as pessoas da sua equipe, precisa fazê-las imaginar que estão realizando algo com um objetivo maior do que a simples obrigação". Influenciar pessoas é, portanto, conseguir o seu engajamento e consequente colaboração, além de todas as atitudes que não podem ser compradas e, sim, conquistadas pelo líder. Sabemos que nada é mais inspirador do que conviver com um líder inspirador.

As transformações que vêm acontecendo no meio corporativo mudaram a natureza da liderança. Hoje, as empresas desejam mais do que líderes. Elas querem líderes colaborativos que sejam

*agentes influenciadores e inspiradores,*

determinando a necessidade de uma prática da comunicação muito mais apaixonada, o que significa desenvolver e manter pontos de vista sólidos e consistentes sobre as questões com as quais a empresa está envolvida, repassando a sua opinião de forma constante para a equipe. Isso tornou a liderança uma função muito mais desafiadora e trabalhosa, pois, para influenciar e inspirar, os líderes precisam se preparar, buscando aprimoramento constante.

O escritor John Conbolly diz que "uma coisa importante sobre comunicação é lembrar-se de que, como líder, sua função é inspirar, e você não pode inspirar se as pessoas não sentirem a sua paixão". Na verdade, o líder é um vendedor das ideias da empresa para a sua equipe e, para isso, precisa adotar técnicas de persuasão, sendo a principal delas, demonstrar a sua paixão.

## Um bom comunicador é aquele capaz de entrar na cabeça e no coração das pessoas no momento em que está falando.

Entretanto, muitos líderes esquecem do coração e se preocupam apenas com a mente e com aspectos racionais, apresentando esquemas e números. Esquecem, principalmente, que a maioria das pessoas são movidas a desafios e precisam, antes de qualquer coisa, ver uma ideia ser apresentada com paixão. A melhor apresentação sempre será aquela na qual as pessoas conseguem sentir o "ser humano" que está falando. Embora exista quem acredite que um líder não pode ser melhor do que a pessoa que ele já é, aposto na capacidade de cada um em desenvolver e aprimorar características pessoais, pois esse é um caminho sem fim e sempre existirá algo para se melhorar.

Acredito, também, que não há como se aprimorar em algo, sem praticar.

O líder deverá experimentar o "falar com paixão" e, certamente, se sentirá "soando falso" nas primeiras vezes, até o momento em que se perceberá como um ser humano compartilhando sonhos e desafios com outros seres humanos. Nesse momento, a conexão por meio da paixão se estabelecerá e os resultados serão cada vez melhores.

Steve Jobs, considerado um dos maiores oradores do mundo dos negócios, não nasceu com essa habilidade. Num vídeo postado no YouTube, é possível ver uma entrevista sua para a TV na década de 1970, na qual aparece sentado e visivelmente nervoso. Em suas primeiras apresentações, incluindo o lançamento do Macintosh, em 1984, Steve Jobs aparecia lendo anotações, posicionado de forma estática no palco. Ele teve que evoluir como qualquer outro ser humano. A cada década se mostrava melhor em suas apresentações, até se tornar o líder e o orador que todos passaram a admirar, comprovando a tese do escritor Malcolm Gladwell, no livro *"Outliers"*, de que são necessárias 10 mil horas fazendo algo para nos tornarmos realmente bons naquilo.

Comunicação nunca é demais. Registro tudo na minha agenda: viagens, visitas a clientes, reuniões na nossa sede com clientes e com a nossa equipe, treinamentos, conversas e feedbacks. Ao final de cada semana, olho para o que fiz e por onde andei e me pergunto se passei tempo suficiente comunicando. Tento ser firme comigo mesma e, se achar que fiz pouco pelas outras pessoas no sentido de comunicar, sei que terei que melhorar na semana seguinte".

## 3. Com equilíbrio emocional tudo fica mais fácil.

O equilíbrio emocional é uma competência que está sendo valorizada há muito tempo, especialmente no ambiente corporativo.

Por melhor líder que uma pessoa seja, ela certamente terá momentos de baixa emocional. Quando estiver vivendo momentos de ansiedade, tristeza, raiva ou outro sentimento negativo, um líder jamais pode se dirigir a um ou mais subordinados, pois o contato será desastroso. As emoções determinam as nossas atitudes na mesma medida em que o equilíbrio é responsável pela imagem de um líder perante a sua equipe.

Na vida pessoal, podemos nos arrepender, pedir desculpas e restabelecer a relação, pois os vínculos familiares e de amizade, na maioria das vezes, permitem isso. Mas na vida profissional, o pedido de desculpas e a concessão dela, nem sempre é possível.

A influência negativa de um ato de desequilíbrio, na vida de um líder, pode ser permanente e a demonstração de arrependimento, assim como o pedido de desculpas, tendem a provocar reações mais negativas, do que positivas. Entretanto, sempre que precisar pedir desculpas, o líder deve usar o "eu" e não o "nós", ou seja, tem que falar em seu próprio nome e não em nome da empresa, ou da equipe. Isso fará com que ele se aproxime das pessoas, demonstrando humildade, o que aumentará as chances de sensibilizá-la.

Para demonstrar equilíbrio permanente, é decisivo que o líder identifique quais são os gatilhos que ativam as suas emoções mais intensas e aprenda a administrá-los.

### 4. Não existe liderar sem conhecer.

O líder precisa ser um curioso e ter um genuíno interesse sobre as pessoas que compõem a sua equipe.

Ao representar a empresa, muitas vezes o líder tem o desafio de provocar uma mudança na forma de pensar e de agir dos seus subordinados. Mas para isso, é importante conhecer a forma como eles pensam, sentem e agem naquele momento. Caso contrário, será muito difícil propor e administrar qualquer mudança.

As pessoas costumam olhar para as outras por meio dos seus próprios filtros que podem ser culturais, emocionais ou originados por vivências passadas, momentos bons e mal-entendidos. Para conhecer as pessoas da equipe, os líderes carecem de abandonar esses filtros e se dedicarem a dois caminhos: o primeiro é o da observação e, o segundo, é o do diálogo constante, questionando as pessoas sobre a sua trajetória de vida pessoal e profissional.

A boa comunicação começa com o líder se colocando no lugar das pessoas com as quais irá falar. Se todos começassem desse ponto, seriam comunicadores muito mais eficientes. É o que chamamos de empatia que advém do grego *"empaheia"* e significa "sentir dentro", ou seja, sentir como se fosse a outra pessoa, colocar-se no lugar do outro. Em outras palavras, é chorar com os que choram e se alegrar com os que se alegram.

O jornal *Times* publicou recentemente um artigo curioso sobre empatia, relatando o caso de uma menina que teve uma perna partida e ficou imobilizada na margem da estrada. Diversos condutores passaram, mas nenhum parou para socorrer a menina. Segundo o artigo, todos sentem empatia, mas o problema reside no fato de agirmos, ou não, num determinado momento ou situação. Numa sociedade cada vez mais individualista e competitiva, o nosso cérebro é influenciado pelo ambiente que nos rodeia, dosando a empatia que sentimos e os atos de compaixão que praticamos.

Na Noruega, foi realizado um reality show no qual três jovens blogueiros, que se diziam consumistas em excesso, foram levados até a realidade de fábricas têxteis que exploravam homens e mulheres no Camboja e que impõem a essas pessoas jornadas de trabalhos desumanas. Os jovens puderam vivenciar, ainda que por pouco tempo, uma realidade muito distante da deles. O reality show proporcionou a possibilidade desses blogueiros vivenciarem a empatia em relação aos operários responsáveis por produzir os produtos que consumiam, colocando-se no lugar deles e vendo a sua atividade sob uma outra perspectiva, ou seja, de fora da "bolha" que, segundo eles mesmos disseram, todos viviam, sem pensar no que estava por trás da quantidade de roupa que compravam.

Eu pergunto: por que é tão difícil simplesmente ouvir, respeitar e entender a reclamação de um subordinado? Por que os líderes têm a tendência de minimizar o problema do outro, por achar que isso diminuirá a sua responsabilidade em ajudá-lo?

O mundo corporativo, cada vez mais competitivo, tem dificultado a identificação de uma pessoa com o problema da outra, questão na qual um líder que quer ser percebido como colaborativo precisa prestar a atenção.

## 5. Sem conteúdo, a comunicação não acontece.

Antes de repassar uma informação, é imprescindível que o líder pergunte a si mesmo o quanto domina daquele conteúdo e se possui condições de repassá-lo aos seus subordinados com segurança, clareza e de forma inspiradora. Ao ter acesso às pautas informativas com as quais é instrumentalizado, é básico que o líder leia o conteúdo e se pergunte:

- Estou seguro em relação às informações que recebi e que devo repassar?
- Tenho condições de explicá-las com clareza para a minha equipe?
- Com qual profissional, ou em que área posso buscar mais informações?

Ao repassar qualquer conteúdo, além de segurança, é essencial que o líder demonstre autoconfiança. Mas para isso, precisa conhecer profundamente o conteúdo. Em alguns momentos, a pauta recebida pelo líder terá apenas um assunto a ser repassado para a equipe. Em outros, serão muitos assuntos. A preocupação com o conteúdo deve ser a mesma. Quando estamos diante de informações corporativas, o importante não é a quantidade e, sim, a relevância.

Outro cuidado que precisa ser tomado é com a verdade. Existem três tipos de verdade: a verdade absoluta, a verdade cosmética e a verdade essencial. Em comunicação interna, a informação precisa ser uma verdade essencial, sob pena de colocar em risco a credibilidade do líder e, principalmente, da empresa.

## 6. Se a equipe não entendeu, o líder não comunicou.

É valoroso que, antes de realizar uma reunião de informação, o líder reflita se as pessoas da sua equipe têm condições de entender o conteúdo que será repassado.

Certa vez, realizando um diagnóstico numa rede de varejo do Nordeste, ao visitar a retaguarda de uma das lojas, me deparei com um cartaz cujo título era "Glossário nosso de cada dia". No corpo do cartaz havia uma série de palavras em inglês e, ao lado delas, a tradução para o português. Quando perguntei qual o objetivo daquele cartaz, um rapaz me respondeu:

## *"É para entender o que o chefe fala".*

O líder da área usava muitas palavras em inglês e as pessoas da equipe não dominavam o idioma. Por isso, para entender o que o líder falava, criaram um glossário e afixaram na parede.

Comunicação é entendimento. É decisivo que o líder leve em consideração o nível social e cultural das pessoas que irão ouvi-lo. Com isso, saberá como adequar a sua linguagem para que o conteúdo seja entendido por todos e para que a comunicação aconteça. Por vezes, será necessário simplificar a mensagem. Mas simplificar não significa resumir o conteúdo, nem usar palavrões ou gírias. Simplificar, nesse caso, significa repassar a mensagem por meio de uma linguagem coloquial, como se estivesse estabelecendo uma conversa.

Outro fator que prejudica a comunicação eficiente é o uso de vícios de linguagem, com expressões como "né", "tipo", "meu" e outras comumente utilizadas por líderes da Geração Y. O uso carregado desses vícios pode gerar falta de credibilidade. É preciso ter cuidado, também, com o alongamento de uma palavra até dizer a próxima, ou a colocação de uma vogal alongada entre duas ideias, pois é algo que representa falta de domínio do assunto, ou dificuldade em dar continuidade à apresentação.

Existe algo ainda mais prejudicial. É a tendência que algumas pessoas têm de contar piadas. Uma piada grosseira, inoportuna ou mal contada por um líder, pode diminuir rapidamente a sua reputação perante a equipe. Piadas machistas, por exemplo, são totalmente inoportunas num ambiente corporativo que, hoje, está primando pela valorização da diversidade e preocupado em contratar e promover mais mulheres.

Há pouco tempo, uma das empresas para a qual trabalho, contratou um humorista para se apresentar na sua convenção de líderes. O objetivo dessa apresentação de humor era dar maior leveza ao evento, motivo pelo qual ela aconteceu entre duas palestras de conteúdo mais técnico e, portanto, mais pesado. A iniciativa, infelizmente, foi um fracasso por conta da falta de bom senso do humorista. Ele contou tantas piadas grosseiras e inadequadas, que a direção da empresa optou por convidá-lo a se retirar do palco, atitude que foi elogiada pelos participantes.

Comunicação significa "ação de tornar comum". Ao transmitirmos uma mensagem temos que considerar e compreender quem vai recebê-la para que sejamos também compreendidos. No momento em que isso não acontece, estaremos apenas informando e não comunicando. Dependendo dos recursos utilizados, estaremos desconsiderando o público e, mais do que isso, passando uma imagem de falta de respeito.

## 7. Não entendeu? Quer que eu desenhe?

A expressão "Não entendeu? Quer que eu desenhe?", muito usada em conversas informais ou brincadeiras, tem grande valor na comunicação líder/equipe.

O aprendizado acontece 75% pela visão e apenas 12% pela audição. Portanto, sempre que necessário, o líder deve utilizar meios visuais para facilitar a assimilação da mensagem. Isso significa usar um *flip chart*, criar cartazes com o conteúdo e afixar na parede durante a reunião, preparar uma apresentação em PowerPoint, enviar um resumo por e-mail após o repasse e outras estratégias que poderão ser criadas pelo líder, de acordo com o seu ambiente de trabalho e o nível cultural da sua equipe. Isso significa colaborar para que a mensagem seja entendida.

Uma boa estratégia é o líder propor que, na sua área, haja paredes pintadas com tintas ou revestidas com vidros que permitem a escrita, como se fossem quadros-negros. Assim, tudo o que for dito poderá ser desenhado ou esquematizado para um maior entendimento.

Afinal, a comunicação não é apenas o repasse de uma mensagem e, sim, o seu entendimento, independente dos meios que se use para isso.

## 8. A repetição favorece o aprendizado.

O aprendizado também acontece pela repetição. Por isso, um líder não precisa se constranger quando tiver que repetir uma mesma mensagem várias vezes. Para promover ou aumentar o nível de entendimento, o líder pode e deve repetir o conteúdo quantas vezes forem necessárias, sem medo de ser insistente ao ponto de incomodar as pessoas.

Outra técnica interessante é repetir frases que representem a cultura e a estratégia da empresa. Mas isso não precisa acontecer apenas nas reuniões de informação. O líder pode repetir valores, objetivos, estratégias e outros conceitos da sua área e da empresa sempre que considerar necessário, mesmo durante o dia a dia de trabalho. Assim, as pessoas saberão com clareza para onde devem direcionar os esforços e os objetivos que precisam atingir.

## 9. Olho no olho é fundamental.

Uma pessoa somente se sente parte de um diálogo, se o interlocutor estiver olhando para ela. Além disso, o olhar serve para reter a atenção do outro, estabelecendo a conexão necessária para o repasse de uma mensagem ou feedback, assim como para receber uma opinião.

As pessoas que possuem dificuldades de proceder dessa forma, normalmente são tímidas ou temem o confronto, o que é péssimo, pois sem querer acabam demonstrando falta de atenção para com o outro. Ao falar para toda a equipe durante uma reunião, a regra é a mesma: olhar diretamente para as pessoas, mesmo que o tamanho do público não permita o olho no olho.

Quando realizo palestras, procuro fazer com que o meu olhar chegue aos quatro cantos da sala, a fim de que todas as pessoas se sintam incluídas. Isso parece fácil, mas não é, pois significa concatenar vários esforços ao mesmo tempo: apresentar o conteúdo com clareza, conectar uma ideia na outra, equilibrar o tom da voz e olhar para todos, além de outros detalhes como manejar o controle remoto com uma mão e segurar o microfone com a outra. Por vezes, durante a palestra, percebo que uma determinada pessoa se mostra desinteressada, com os olhos fechados, acessando o telefone celular, ou conversando com a pessoa do lado. Quando isso acontece, passo a evitar olhar para o lugar onde essa pessoa está para não me desmotivar, mesmo sabendo que, quando falamos em público, dificilmente conseguimos agradar a todos os presentes.

Dizem que sempre existe um percentual de pessoas, mesmo que pequeno, que não concorda com o que estamos falando (em torno de 10% ou 15%). Recomenda-se, então, não prestar a atenção nessas poucas pessoas para que a desmotivação não aconteça. Mas essa é apenas uma exceção, pois o contato visual é fundamental em qualquer tipo de comunicação interpessoal, seja individual ou de massa.

### 10. Nossa voz é o nosso retrato sonoro.

A fala de uma pessoa permite personalizar a mensagem. Ao falar, é possível adaptar a mensagem ao universo do interlocutor. Para ser um bom comunicador, o líder não precisa gritar, mas também não deve falar baixo demais, demonstrando falta de energia, pois isso pode contagiar a todos de forma negativa.

**VOZ ALTA:** a voz alta representa alegria, entusiasmo e felicidade, mas também raiva e agressividade.

**VOZ BAIXA:** a voz baixa representa tranquilidade, proximidade e intimidade, mas também tristeza e insegurança.

Tanto a voz alta, quanto a voz baixa, podem transmitir sentimentos e sensações positivas e negativas. Por isso, é preciso variar a intensidade da voz, o que certamente prenderá a atenção da equipe, evitando a falta de interesse determinada pela monotonia. Para complementar, a energia tem que estar presente nos momentos em que a voz estiver alta, ou baixa. Somente assim a fala do líder será inspiradora, despertando a emoção de quem o está ouvindo. Nos momentos em que o público estiver demonstrando menos interesse, em vez de aumentar a voz, o correto é baixá-la, aproximando-se do público, o que significa dar dois ou três passos à frente se o líder estiver falando em pé. Isso fará com que as pessoas voltem a prestar a atenção.

Outra estratégia diante do desinteresse das pessoas é baixar a voz e começar a contar uma pequena história. Como resultado, todos voltarão a prestar a atenção.

O ensaio é sempre uma boa prática para quem deseja fazer a melhor apresentação. Grandes líderes empresariais ensaiam suas apresentações, buscando a melhor forma de se apresentarem em público, sendo esse um dos fatores determinantes do seu sucesso. No caso de um líder que deseja ser percebido como colaborativo, esse fator é decisivo para o seu sucesso, não apenas diante dos seus subordinados, mas também dos seus superiores.

## 11. O nosso corpo fala.

A postura tem que ser uma preocupação constante do líder em todos os momentos, tanto no dia a dia dentro da empresa, quanto numa reunião de informação. As pessoas admiram e acreditam no líder que fala com segurança, com os ombros altos e a cabeça erguida, demonstrando estar pronto para colaborar.

A voz deve ser usada num tom que lhe permita ser ouvido e entendido por todos e a expressão tem que ser a de quem acredita naquilo que está falando, além de demonstrar otimismo em relação à empresa e ao futuro. Todos sabemos que ninguém admira ou acredita num líder pessimista, que repassa informações corporativas num tom negativo e que parece estar "de mal" com a empresa.

Sabemos, também, que uma mesma informação pode ser repassada por meio de uma postura negativa ou positiva, gerando resultados coerentes com cada uma. Ocorre que muitos líderes esquecem que vivem como se estivessem dentro de um aquário, sendo observados o tempo todo. Qualquer andar mais preocupado, uma franzida na testa, ou um olhar de frustração, são percebidos pelas pessoas ao seu redor, produzindo significados. Por isso, é elogiável quando um líder consegue comunicar positividade e otimismo por meio do seu comportamento, andando com energia, atendendo a todos com um sorriso e se posicionando de forma reta e altiva.

Outra questão a ser priorizada é a congruência entre a linguagem verbal e não verbal, pois muitas vezes acontece da expressão corporal não acompanhar, nem representar as palavras pronunciadas. Existem alguns gestos que são extremamente nocivos nos momentos em que estamos realizando uma reunião com a equipe, ou fazendo uma apresentação. Alguns líderes, por exemplo, costumam bater com a mão fechada na mesa a cada frase, tremer uma das pernas de forma sistemática, dedilhar sobre a mesa, como se estivesse digitando, ou tocando piano, além de outros comportamentos que demonstram impaciência e/ou nervosismo.

Quando em pé, existem líderes que se escondem atrás do púlpito, ficam parados como estátuas num único lugar da sala, colocam as mãos no bolso, mexem as mãos dentro dos bolsos ou colocam as mãos para trás, abstendo-se de fazer qualquer gesto que acompanhe o que estão falando, sem conseguir estabelecer nenhuma proximidade com o público.

A verdade é que somente passamos a pensar sobre como falamos, andamos, gesticulamos etc., depois que nos vemos num vídeo. A conscientização e o treinamento, além de serem boas práticas, nos mostram que a mente é capaz de mudar o corpo.

Convivi com uma Executiva de Contas da agência que dirijo que nunca entrava na minha sala de forma natural. Ela costumava colocar apenas a cabeça para dentro da minha sala e falar comigo de forma rápida, como se estivesse me incomodando, ou com vergonha do que estava fazendo. Ela só colocava o restante do corpo para dentro da sala se eu insistisse. Isso me preocupava, pois a agência está dividida em núcleos de trabalho liderados pelas Executivas de Contas. Naquele momento, ela era uma das nossas líderes e uma pessoa que não confia no seu potencial e não tem consciência da importância do cargo que ocupa, age com a mesma insegurança diante de alguém superior ou inferior hierarquicamente, não havendo distinção. Cada vez que isso acontecia, eu me perguntava: "será que ela também se esconde da equipe que lidera?".

Depois de assistir a essa cena várias vezes, chamei-a para conversar sobre isso e outros aspectos. Dediquei algumas horas do meu tempo a essa profissional, falando sobre aspectos de postura e de imagem. Hoje, ela é uma das principais Executivas de Contas da agência, não apenas em função das conversas que tivemos, mas porque se conscientizou das suas dificuldades e buscou aprimoramento, inclusive com a ajuda de especialistas externos.

O modo como usamos o nosso corpo pode alterar a forma como as pessoas nos veem. O fato de mudarmos para melhor a nossa postura corporal afeta, principalmente, o modo como nos sentimos em relação a nós mesmos. Mesmo quando não nos sentimos confiantes, temos que agir como se nos sentíssemos. Isso aumentará as nossas chances de sucesso.

Sempre fui uma pessoa tímida, embora a minha atividade profissional tenha me desafiado ao ponto de eu já ter vencido boa parte desse traço da minha personalidade. Sou de origem humilde, nasci e cresci numa cidade do interior e estudei em escolas públicas. Além disso, sou de uma geração que teve poucas oportunidades de especialização. Acredito que essas são algumas das razões pelas quais muitas vezes, ao entrar num evento como participante, ainda me sinta pouco confortável e constrangida ao ponto de sentar na última fila e torcer para não ser vista. Convivo com uma certa dificuldade, também, de realizar perguntas e fazer intervenções, expressando a minha opinião, mesmo quando tenho clareza sobre o que poderia dizer.

O mesmo acontece quando sou convidada a palestrar num determinado evento. Quando chego na recepção, tenho dificuldade de me apresentar como palestrante. Aos poucos, comecei a me conscientizar de que deveria lutar contra essa espécie de fobia social/profissional. Até hoje, me forço a trabalhar esse fator no meu comportamento. Enquanto me desloco para o evento, vou pactuando comigo mesma que: cumprimentarei as pessoas, sentarei na frente e participarei ativamente, até para que o tempo que estou dedicando àquilo possa valer a pena.

Em alguns momentos, tenho que lembrar a mim mesma que sou uma profissional conhecida e reconhecida, já escrevi vários livros, dirijo uma empresa de sucesso etc., para ganhar a autoconfiança de que preciso para entrar e me sentir confortável. A verdade é que a nossa mente pode fazer muito pelo nosso comportamento, garantindo resultados satisfatórios em diversas situações. Basta que estejamos conscientes das nossas dificuldades e busquemos uma solução para isso.

### 12. Rótulos e preconceitos só atrapalham.

Quando um líder rotula determinadas pessoas da sua equipe, entendendo que elas não precisam receber informações importantes sobre a empresa porque não merecem, ou porque não têm condições de entendê-las, está sendo preconceituoso e perdendo a oportunidade de obter o engajamento por parte desse público.

Hoje, empregados de todos os níveis estão extremamente bem informados e possuem condições de absorver tudo aquilo que for repassado, especialmente se isso acontecer de forma clara, transparente e com uma linguagem adequada.

### 13. Amigos, amigos. Negócios à parte.

Costumo usar essa expressão: "Amigos, amigos. Negócios à parte" para dizer que um líder jamais pode privilegiar uma ou mais pessoas da sua equipe com informações antecipadas, mesmo que tenha com elas uma relação de amizade. As informações corporativas devem ser repassadas para todos da equipe ao mesmo tempo. Isso pode ser feito, tanto durante uma Reunião de Informação, quanto em um momento específico no qual seja possível reunir todo o grupo.

Quando o número de pessoas que compõem a equipe for grande e o lugar não comportar a todos, o líder terá que realizar várias edições da reunião de informação, separando as pessoas em pequenos grupos. O mesmo pode acontecer em função de diferentes turnos de trabalho. Mas é imprescindível que essas edições sejam realizadas dentro de um período de 24 horas, para que não aconteça a entropia da informação, que significa a sua deterioração por ser repassada de uma pessoa para outra, verbalmente. Como diz o velho ditado:

*"Quem conta um conto,*
*aumenta um ponto".*

Quando todas as pessoas de uma equipe recebem uma mesma informação em tempos muito diferentes, os primeiros a saber a repassam de acordo com a sua interpretação, gerando entendimentos equivocados e, consequentemente, boatos. É por isso que o líder precisa tomar o máximo cuidado no sentido de entregar a mesma informação a todos e ao mesmo tempo.

## 14. O ambiente influencia.

Além de repassar a mesma informação para todos ao mesmo tempo, o líder deve procurar o momento mais adequado para fazer isso, que pode ser:

- durante uma reunião de informação;
- numa reunião extraordinária que tenha sido decidida pelo líder, ou solicitada pela empresa.

Além do momento, é decisivo que o líder procure o lugar mais adequado, de acordo com o tamanho e o funcionamento operacional da sua equipe. Neste caso, o importante é a consciência de que informações corporativas jamais podem ser repassadas para o público interno num corredor, no restaurante, durante uma carona, em um encontro num bar ou em qualquer outro lugar que não seja dentro da área de trabalho e durante uma reunião.

Para definir o melhor lugar, há quem use a figura de uma mesa de ping-pong que representa uma estrutura plana na qual a bolinha pode quicar de um lado para outro, sem qualquer interferência. Isso significa buscar um lugar onde a reunião possa acontecer do início ao fim sem ser prejudicada por barulhos, toques de telefones, falta de cadeiras para todos, outra equipe batendo na porta porque precisa usar a mesma sala, equipamentos que não funcionam etc.

Existem líderes que usam uma caixa, ou uma bandeja, na qual todos da equipe são convidados a depositar o telefone celular no início da reunião, recolhendo-o apenas no final. Isso pode ser visto de forma positiva ou negativa pelo grupo, dependendo da cultura da empresa e do comportamento das pessoas, especialmente de executivos que ocupam cargos mais altos.

Existem empresas nas quais os executivos entram na reunião com o seu computador na mão, sentam, abrem o equipamento e seguem trabalhando, ou simplesmente respondendo e-mails, sem a menor consideração por quem está falando. Em empresas nas quais esse tipo de comportamento é aceito, dificilmente seus executivos aceitariam abrir mão do telefone celular durante uma reunião. Ao mesmo tempo, penso que se as reuniões fossem realizadas de forma mais direta, curta e conclusiva, talvez os executivos não chegassem com um computador e dois aparelhos de celular nas mãos.

## 15. Reunião boa é reunião curta.

O cérebro humano se cansa facilmente. Esse é o motivo pelo qual as pessoas saem muito cansadas do seu primeiro dia de trabalho. Esse é o motivo, também, pelo qual as pessoas que estudam para concursos, ou vestibulares, se sentem permanentemente exaustas.

Aprender é algo realmente desgastante e o cérebro humano é um devorador de energia. Enquanto ele absorve uma grande quantidade de informação, o corpo está consumindo altas taxas de glicose, oxigênio e fluxo sanguíneo. São milhões de neurônios que disparam ao mesmo tempo, queimando uma grande dose de energia. Com isso, a vontade de absorver a informação e transformá-la em conhecimento vai se extinguindo e torna-se muito difícil prender a atenção das pessoas. É por isso que um líder se sente tão cansado depois de passar um dia resolvendo problemas e tomando decisões. Mas isso não acontece apenas com ele. A equipe também se sente dessa forma quando obrigada a participar de reuniões que duram muito tempo e cujas apresentações são carregadas de gráficos e números.

Uma vez, participei da apresentação de um Presidente de empresa que começou às 18h e terminou às 21h. Neste caso, o que contribuiu para a exaustão das pessoas e a pouca assimilação não foi apenas o conteúdo extenso e pesado, mas o fato de que, naquele horário, todos já deveriam estar nas suas casas, jantando. Embora a reunião tenha acontecido nesse horário por decisão do Presidente, que decidiu esperar por uma parte do grupo que estava chegando de outra cidade e, por causa do tempo chuvoso havia se atrasado, a decisão não foi a mais acertada. Teria sido melhor realizar a apresentação no dia seguinte, bem cedo.

Uma apresentação longa, num horário inadequado e com muitos dados, força os cérebros das pessoas a consumir muita energia. Assim, é decisivo que o líder otimize o tempo da Reunião de Informação sendo simples e direto, focando nas informações a serem repassadas. Isso fará com que sobre tempo para ouvir as pessoas, dando a elas a oportunidade de colocar suas ideias e opiniões. Sobrará tempo, também, para terminar a reunião de forma inspiradora.

No momento em que forem ouvidas, as pessoas darão ainda mais valor para a Reunião de Informação. Da mesma forma, ao participarem de um final inspirador, aumentarão o seu índice de engajamento e de motivação. Além disso, no caso de reuniões sistemáticas, quanto mais curta e direta for cada reunião, mais as pessoas terão vontade de comparecer, pois não estarão deixando as suas áreas de trabalho por mais tempo do que poderiam, e entrarão sabendo que a apresentação será leve e inspiradora.

No caso de palestras, a regra é a mesma. Em função disso, tenho preferido não realizar seminários de 8 horas e, sim, de um turno. Por vezes, prefiro palestrar por duas manhãs, pois falar por um dia inteiro, mesmo que seja sobre um tema que gosto e domino, leva a mim e aos participantes à exaustão.

Esse também é um dos motivos que as apresentações dos TEDs fizeram e fazem tanto sucesso. O autor Carmine Gallo, que escreve sobre esse tema, explica que os 18 minutos de duração de um TED deixa os participantes com alguma capacidade mental e glicose suficientes para pensar sobre a apresentação, compartilhar ideias e fazer alguma coisa a respeito.

## 16. Perguntar não ofende.

Mesmo que essa expressão informal seja uma verdade, ainda existem pessoas que possuem vergonha ou receio de fazer uma pergunta, preferindo ficar com a dúvida, ao invés de se expor. Por esse motivo, é válido que, no final da reunião de informação, o líder incentive as pessoas a fazerem perguntas, usando frases como:

- Vocês entenderam todas as informações que eu repassei?
- Vocês gostariam que eu repetisse alguma delas?
- Vocês precisam que eu me detenha um pouco mais num dos assuntos abordados?
- Alguém deseja complementar o que eu disse?
- Alguém gostaria de contar uma experiência que ilustre um dos assuntos apresentados?
- Quais as dúvidas que vocês ficaram?

## 17. Para toda pergunta existe uma resposta.

Sabemos que para toda pergunta existe uma resposta, mesmo que seja "não sei". Sabemos, também, que nenhuma empresa, nem os seus líderes, têm a obrigação de possuir todas as respostas, até porque existem decisões que ainda não foram tomadas e assuntos que, por serem estratégicos, não podem ser comunicados naquele momento. Mas o "não sei" pode ser dito de forma que não desmotive as pessoas, nem gere uma imagem negativa para o líder e, consequentemente, para a empresa.

Quando um líder não possui a resposta para o que foi perguntado, pode usar as seguintes frases:

- Essa decisão ainda não foi tomada.
- Esse assunto ainda está sendo estudado.
- A empresa não chegou a uma conclusão.
- Assim que tivermos uma posição oficial, vocês serão os primeiros a saber.

Prometer que, assim que receber uma determinada informação, reunirá a equipe imediatamente para repassá-la é uma ótima estratégia para diminuir a ansiedade das pessoas e garantir a credibilidade do líder.

## 18. Escutar pode ser mais importante do que falar.

Costumo dizer que muitas pessoas buscam cursos de oratória, quando na verdade deveriam fazer um curso de "escutatória", pois grande parte das informações constantes num diálogo se perdem porque o receptor está mais preocupado em formular uma resposta à altura ou superior, ao invés de tentar compreender o emissor.

Existem pessoas que insistem em não deixar as outras falarem, prática que é considerada uma das piores na relação líder/liderado. Quando uma pessoa procura o seu líder, é porque deseja falar e ser ouvida. Sobre isso, o já falecido maestro alemão Kurt Masur dizia: "a orquestra precisa sentir que você a escuta".

Sempre que for procurado por um subordinado, é essencial que o líder colaborativo se preocupe mais em ouvir do que em falar, não interrompendo a pessoa, nem fazendo suposições sobre o que ela está dizendo, antes que termine a sua fala. A verdade é que sempre que não nos preocupamos em formular as respostas previamente, temos um entendimento muito maior daquilo que o outro está falando.

Segundo o consultor e escritor Reinaldo Passadori, "a escuta ativa é essencial para um líder estabelecer e manter relacionamentos. É fácil perceber que ser bom ouvinte atrai as pessoas. Elas sentem que serão compreendidas, que o outro percebe o que anseiam e o que as magoa. Não há quem não queira ter perto alguém que irá ouvi-lo, o que inclui os momentos informais do trabalho". Ao contrário, quem não desenvolve essa habilidade, parece estar sempre enviando a mensagem silenciosa: "o que você tem a dizer não me importa". Além de significar uma barreira na comunicação, bloqueia o espírito da amizade, tão essencial no trabalho e na vida.

Em contrapartida, quando o líder escuta a sua equipe e, depois, retorna com decisões ou ações, demonstra que tem boa vontade e que está do lado das pessoas, incentivando-as a se abrirem e criando um ambiente no qual elas se sintam livres para trazer ideias e até mesmo más notícias. Mas não basta escutar as pessoas somente nas reuniões. O líder precisa estar presente na área de trabalho, o que lhe permitirá uma escuta realmente ativa.

Ouvir se tornou fundamental, especialmente nas empresas que buscam a inovação. Afinal, a máquina, assim como o processo, não inovam. Quem protagoniza a inovação é o ser humano. E uma ideia de nada vale se não puder ser apresentada e defendida.

### 19. A vida é um "contar de histórias".

Toda pessoa tem histórias para contar. Desde crianças, gostamos de histórias e, quando nos tornamos adultos, usamos histórias para argumentar.

Um líder que conta histórias consegue se aproximar das pessoas e envolvê-las com muito mais facilidade. Ao contar uma história, o líder se mostrará mais humano. Já o envolvimento, será decorrente do fato de que as pessoas prestarão mais atenção ao que ele está dizendo, provocando a identificação.

*Histórias são relatos com alma.*

Na comunicação líder/equipe, podem ser usadas três tipos de histórias:

- a do próprio líder;
- a dos outros, relatando um fato que ele assistiu, vivenciou ou, simplesmente, ficou sabendo;
- a de uma empresa, ou marca.

Quando a história for a do líder, é decisivo que seja realmente pessoal, levando cada um que está assistindo a uma verdadeira jornada. Isso quer dizer que a história deve ser tão descritiva em imagens, que as pessoas sejam capazes de se imaginar com o seu líder naquele momento.

Quando a história for de outra pessoa, terá que servir para ilustrar uma ideia, programa ou projeto que esteja sendo apresentado, trazer uma lição com a qual as pessoas possam se identificar ou provocar uma reflexão.

Quando a história for de uma empresa ou marca, ela poderá ser o relato de uma vitória ou fracasso, contada de uma forma que contribua para fazer as pessoas comprarem uma ideia ou entenderem uma decisão tomada pela empresa. A técnica de "storytelling" celebra o dom da imaginação humana, tanto de quem está contando a história, quanto de quem a está ouvindo. Segundo o jornalista Rodrigo Cogo, já citado em capítulo anterior, "as abordagens precisam ser mais poéticas, com uso de recursos retóricos que auxiliam na união dos mundos material e espiritual. Neste caso, as figuras do emissor e do receptor se misturam num espaço expressivo forte, onde a atenção – tida como cada vez mais pulverizada e de difícil captura – resta natural e focada".

No entanto, é preciso ter cuidado para usar esse dom da natureza humana com sensatez, evitando interpretações equivocadas. Por isso a importância de, no final da história, o líder fazer um arremate ou fechamento, com alguma lição de vida, ou relação com o negócio. Da mesma forma, deve-se tomar cuidado para não exagerar no contar de histórias em detrimento do conteúdo que precisa ser repassado numa reunião, ou apresentação.

Na minha vida de palestrante, as histórias ganharam uma importância muito grande, intercalando informações técnicas e dando vida às minhas apresentações. Em alguns momentos, conto histórias da minha infância, de momentos que vivi para construir a agência na qual trabalho, ou do relacionamento com a minha equipe. Outras vezes, busco histórias recentes, uma conversa que tive com o motorista do taxi, momentos que acabei de viver no aeroporto, no avião, ao chegar na empresa, ou ambiente no qual estou me apresentando. Tudo pode servir de exemplo e se transformar numa história que as pessoas gostem de ouvir. Costumo, inclusive, começar as minhas palestras com a história do meu nome. Uso essa estratégia para me aproximar das pessoas já na primeira frase. Afinal, todo nome tem uma história e isso faz com que as pessoas se identifiquem rapidamente comigo em função daquilo que estou contando.

Em reuniões de informação, contar histórias equivale a levar as pessoas a uma viagem, ajudando-as a vivenciar o conteúdo em um nível muito mais profundo. A verdade é que somos "contadores de histórias natos", mas o mundo corporativo nos faz perder um pouco esse lado. Muitas vezes, caímos no "modo apresentação" e esquecemos do desafio de atingir o coração das pessoas e não apenas a mente.

Outra verdade é que dificilmente esquecemos de alguém que nos contou uma boa história.

## 20. Tem que ter identificação.

A missão/propósito, a visão e os valores da empresa têm que ser de todos, ou seja, as pessoas precisam se identificar com esses direcionadores para que se sintam realmente felizes no ambiente de trabalho.

Para reforçar esse sentimento, o líder pode aproveitar o momento da Reunião de Informação, começando-a, ou encerrando-a, com a abordagem desse conteúdo de maneira rápida e coloquial. Isso significa lembrar a todos qual é a missão/propósito, a visão e os valores da empresa, podendo, inclusive, solicitar que as pessoas deem exemplos de momentos em que se sentem, ou se sentiram, representando um determinado valor. Mas é sempre bom lembrar que o líder precisa ser o primeiro a representar e se identificar com os princípios da empresa.

## 21. Celebrar é preciso.

Promover o engajamento das pessoas por meio de uma manifestação qualquer – como, por exemplo, um "grito de guerra" ou uma celebração de resultados durante a Reunião de Informação –, fará com que as pessoas voltem para os seus postos de trabalho mais confiantes.

É desafio do líder propor a criação de um "grito de guerra" ou de uma simples frase que represente a união do grupo e o compartilhamento de objetivos. Com o passar do tempo, essa manifestação será a "marca registrada" da equipe e contribuirá para o engajamento de todos.

Mas como diz o técnico Bernardinho, "o grito de guerra é só um fechamento. Ele, sozinho, não resolve nem garante nada".

## 22. O cérebro humano adora novidades.

Um dos rituais de comunicação líder/equipe que realizo na agência que dirijo é a Reunião Trimestral, momento em que reúno todo o nosso time para falar do negócio, apresentar resultados e, principalmente, falar dos desafios que temos pela frente.

Sempre que possível, procuro terminar a reunião apresentando um filme, uma ideia ou uma nova teoria que descobri e que, na minha opinião, poderá informar e inspirar a equipe. Essa técnica funciona porque o cérebro humano adora novidades. Um elemento pouco comum, ou inesperado, no final de uma reunião instiga os participantes, proporcionando uma nova maneira de olhar o mundo.

Hoje, é muito fácil fazer isso, pois a internet nos presenteia com todas as novidades possíveis em forma de artigos e filmes. Basta que se tenha tempo e vontade de procurar algo que possa fazer sentido para as pessoas. Por vezes, basta trazer algo que já seja do conhecimento da equipe, porém com uma nova embalagem, ou que apresente um jeito inovador de abordar aquele assunto.

## 23. Somos a nossa própria mídia.

Um líder está em cena o tempo todo, mesmo quando fora da sua área, ou seja, os comportamentos sugeridos neste capítulo não servem apenas para os rituais de informação, ou para os momentos em que estiver realizando reuniões, sejam de informação, ou de gestão. São comportamentos a serem assumidos no dia a dia de trabalho do líder, em todas as suas interações com a equipe.

## 24. Nada educa mais que o exemplo.

A comunicação líder/equipe, assim como todos os outros movimentos de endomarketing, é um processo educativo. Por meio do seu exemplo e da sua atuação colaborativa, o líder está permanentemente educando as pessoas da sua equipe para que adotem comportamentos adequados e coerentes com o código de conduta da empresa. Assim, a expressão "faça o que eu digo e não o que eu faço" tem que ser totalmente descartada. Um líder necessita representar, nas suas vidas pessoal e profissional, exatamente aquilo que diz aos seus subordinados.

Segundo a pesquisa realizada por Albert Mehrabian, em 1967, sobre a proporção da linguagem verbal/não verbal, apenas 7% da comunicação está no conteúdo, 38% está na nossa voz, na capacidade que temos de mostrar que acreditamos naquilo que estamos falando e 55% está no nosso comportamento, ou seja, é como o líder vive aquilo que diz. Esses dados são um pouco antigos, mas muito usados em estudos sobre comunicação, por ainda fazerem sentido.

A verdade é que ninguém representa mais uma empresa internamente, do que os seus líderes. Por isso a relevância desses 24 itens que abordam atitudes, técnicas e estratégias de comunicação face a face, e que nada mais são do que "cuidados" que um líder deve ter ao interagir e se dirigir a sua equipe.

# 10
# Mensuração de resultados

**A** **questão é:** endomarketing gera lucro para as empresas? Com certeza, sim, pois o nível de engajamento das pessoas contribui fortemente para a qualidade, a produtividade, a melhoria do atendimento ao público e muitos outros aspectos. Mas os resultados positivos gerados não são decorrentes apenas de um processo bem estruturado, implantado e mantido. Eles dependem, principalmente, da relevância que a empresa dá para a informação estratégica, pois somente um endomarketing que dá valor e visibilidade a conteúdos importantes é capaz de produzir resultados concretos.

A dificuldade de mostrar a relação entre o endomarketing e o lucro está no fato dela não ser direta, nem considerada no momento em que a direção da empresa avalia o seu *ROI – Return On Investment*. Mas o endomarketing, com certeza, é parte dessa conta.

Entretanto, considero desnecessário descrever o porquê do endomarketing fazer parte dessa conta, pois já o fiz ao longo deste livro. O desafio é como monitorar e mensurar resultados que gerem números capazes de demonstrar o quanto fazer endomarketing vale a pena.

Costumo dizer que, em mais de 20 anos dedicados a esse tema, prestando serviços para empresas dos mais diversos segmentos, nunca vi uma delas se arrepender, ou voltar atrás. Ao contrário, as empresas têm evoluído a passos largos e parecem nunca estar totalmente satisfeitas com aquilo que estão fazendo em nível de endomarketing, o que considero extremamente saudável, pois sempre existe no que melhorar.

Sob a ótica da mensuração de resultados, a informação é a quantidade numérica que mede a incerteza do resultado de um experimento a se realizar. Mas a informação não basta por si só. Ela precisa estar ordenada, sistematizada e canalizada.

O primeiro passo para o monitoramento e a mensuração de resultados é, portanto, a clareza sobre os objetivos que se pretende alcançar. Depois, é escolher a melhor metodologia e transformar esse processo numa prática respeitada pela empresa.

Acredito que uma das dificuldades está em transformar em números o retorno das campanhas de endomarketing, já que o seu objetivo maior é o engajamento que, embora descrito como uma "medida" que reflete a contribuição da pessoa para com a empresa, é algo tão subjetivo quanto a motivação. Neste caso, o ideal é estabelecer métricas baseadas no objetivo de cada campanha como, por exemplo:

- quantas pessoas a empresa deseja que estejam presentes;
- quantas pessoas a empresa deseja que se engajem e participem ativamente do projeto;
- qual o índice de diminuição nos acidentes de trabalho após a campanha ter sido lançada até uma determinada data;
- muitos outros que devem ser criados com base naquilo que está sendo proposto pela campanha de endomarketing.

Complementando esse esforço, as campanhas de endomarketing podem ser monitoradas por meio de um processo que levante, junto ao público interno, quais as mais lembradas, quais foram considerararam mais interessantes, quais as que provocaram mudanças de comportamento, além de outras questões.

A realização de pesquisa após cada campanha de endomarketing de pequeno e médio porte, é um esforço que considero desnecessário e desfavorável, pois as respostas do público interno tendem a ser "gostei", ou "não gostei", quando uma campanha deve ser analisada pelo fato de estar alinhada e de contribuir para a estratégia da empresa, além de provocar mudanças de comportamento.

Penso que somente as campanhas de endomarketing muito estratégicas e de longo prazo, realizadas para lançar, disseminar e acompanhar processos importantes como de cultura, de planejamento estratégico, de segurança e outros, é que devem ter uma pesquisa de avaliação no seu encerramento ou, se necessário, em cada uma das suas etapas.

Mensurar a eficácia e a eficiência do processo da informação por meio de canais de comunicação interna é bem mais fácil. Basta que seja usado um instrumento quantitativo elaborado de acordo com os canais a que o público interno tem acesso, levantando a satisfação das pessoas em relação a eles em nível de conteúdo, formato, periodicidade, distribuição e outros atributos.

Para avaliar o processo de Comunicação Interna e Endomarketing como um todo, uma pesquisa quantitativa deve ser composta pelos seguintes itens de controle:

- Níveis de informação.
- Níveis de integração.
- Canais de comunicação interna.
- Ações e campanhas de endomarketing.
- Comunicação líder/equipe.
- Sistemática do processo.

Os índices de favorabilidade gerados pelos itens acima permitirão um entendimento muito claro sobre onde é preciso intensificar os esforços, ou fazer adequações, a fim de que o

## *índice geral de satisfação com o endomarketing,*

assim como a contribuição do processo para o aumento dos níveis de informação e de integração do público interno, sejam cada vez mais altos.

Obviamente, quanto maior for esse índice, maior será a influência do endomarketing para o clima organizacional e os resultados gerais da empresa.

Com relação a esforços qualitativos para avaliar o processo de endomarketing, a empresa precisa estar consciente de que essa metodologia permite o levantamento de "sentimentos" e de "percepções", e não de dados concretos. Para isso, a técnica de "conversação" por meio de grupos focais, conduzidos por um profissional experiente, é o melhor caminho.

Em termos gerais, indico duas formas complementares de mensuração do processo como um todo:

- pesquisa quantitativa, todos os anos, pois permite o comparativo entre os seis itens de favorabilidade citados ano a ano;
- levantamento qualitativo a cada dois anos.

Por fim, penso que os resultados de todo esse monitoramento não devem ser apresentados apenas para a direção da empresa. É preciso fazer o que eu chamo de

## *marketing do endomarketing.*

Após a conclusão da mensuração de resultados, a empresa deve realizar uma campanha de "marketing do endomarketing" para mostrar o quanto esse processo é importante e contribui para a sua estratégia, incluindo os índices de satisfação com os canais, com as campanhas e, principalmente, com a comunicação líder/equipe.

Afinal, as pessoas precisam valorizar o investimento feito pelas empresas para se comunicar cada vez mais e melhor com elas.

# Uma dor e um privilégio

**A sensação de terminar** um novo livro é sempre de dever cumprido, pois é um grande desafio que o autor impõe a si mesmo.

É também o alívio de uma dor, pois escrever dói, mesmo para aqueles que nasceram destinados a se relacionar com as palavras, como eu. Mas é uma dor boa, quase como aquela decorrente do exercício físico. Uma dor que vale a pena.

Escrevo por gosto, por vaidade, por teimosia, por necessidade, mas principalmente por acreditar que conhecimento é algo para ser construído e compartilhado.

Na minha vida profissional, nada me alegra mais do que encontrar uma pessoa que diz que me conhece pelos livros que escrevi, ou que por causa deles escolheu trabalhar com Endomarketing.

Nada me satisfaz mais do que receber mensagens de alunos, dizendo que gostariam de me entrevistar porque estão usando meus livros nos seus trabalhos de conclusão de curso. E quando os terminam, mandam para que eu os leia. É bom ver frases minhas citadas e antecedidas por "Segundo Brum, ..." ou "Para Brum, ...". Nesses trabalhos, Brum sou eu.

Nada me deixa mais feliz do que enviar meus livros pelo correio para aqueles que me escrevem, dizendo que não os encontraram nas livrarias, ou que não têm dinheiro para comprá-los.

Isso faz de mim um ser privilegiado, pois me coloca em contato com pessoas que nunca vi e que jamais conheceria se não tivesse esse gosto por escrever sobre um assunto que eu tanto amo.

## CONHEÇA OUTRAS OBRAS DA AUTORA

### ENDOMARKETING DE A A Z
COMO ALINHAR O PENSAMENTO DAS PESSOAS À ESTRATÉGIA DA EMPRESA

Se lhe perguntarem quais são os objetivos, estratégias e resultados de sua empresa, você teria condições de responder com rapidez e precisão?

Caso sua resposta seja positiva, considere-se um privilegiado, pois participa de uma organização que pratica o Endomarketing e que se preocupa em manter um processo estruturado de Comunicação Interna. Isso é pelo menos metade do caminho para um clima organizacional saudável e para a conquista de uma imagem positiva em relação ao público externo.

ISBN: 978-85-99362-48-8
256 páginas
Formato: 16x23cm

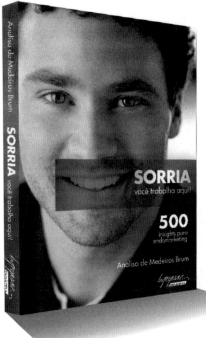

## SORRIA, VOCÊ TRABALHA AQUI!
### 500 INSIGHTS PARA ENDOMARKETING

Neste livro você encontrará 500 insights para endomarketing que nada mais são do que técnicas e estratégias a serem adotadas por empresas que desejam:

• dar valor e visibilidade a tudo aquilo que proporcionam aos seus colaboradores em nível de gestão, ambiente organizacional, oportunidades de crescimento, benefícios, incentivos etc.;

• alinhar o pensamento, as atitudes e o processo de trabalho dessas pessoas à estratégia da empresa.

Um livro prático e inspirador. Utilize-o para criar ideias, consultando-o sempre que precisar de insights para construir estratégias de endomarketing de que sua empresa necessita.

ISBN: 978-85-82110-39-3
234 páginas
Formato: 16x23cm

## Contatos da Autora

🏠 www.happy.net.br
✉ analisa@happy.net.br
📞 + 55 (51) 3327.4000
f Facebook/analisabrum
in LinkedIn/analisabrum

---

### Conheça as nossas mídias

www.twitter.com/integrare_edit
www.integrareeditora.com.br/blog
www.facebook.com/integrare
www.instagram.com/integrareeditora

www.integrareeditora.com.br